城市交通拥堵治理实践

交通运输部道路运输司　编

内 容 提 要

本书分为上下两篇。上篇汇编了中国北京、中国深圳、中国香港、新加坡、韩国首尔、日本东京、俄罗斯莫斯科、英国伦敦、法国巴黎、瑞典斯德哥尔摩、美国纽约、巴西库里蒂巴共计12个城市在交通拥堵治理方面的主要做法，分别对各个城市的城市概况、城市交通发展沿革、城市交通拥堵治理措施等内容进行了介绍。下篇围绕城市交通拥堵治理的若干关键问题进行了深入剖析，从强化交通规划引领、优先发展城市公共交通、推行交通需求管理、构建城市综合交通体系、建设城市智能交通系统、加强城市交通文化建设方面，归纳总结了国内外城市交通拥堵治理的主要经验及对我国城市交通拥堵治理工作的启示。

本书旨在为政府部门制定治理城市交通拥堵的政策措施提供依据，也可供相关企业、科研单位借鉴和参考。

图书在版编目(CIP)数据

城市交通拥堵治理实践／交通运输部道路运输司编
—北京：人民交通出版社，2013.4
ISBN 978-7-114-10533-3

Ⅰ.①城… Ⅱ.①交… Ⅲ.①城市交通-交通拥挤交通运输管理-研究 Ⅳ.①U491

中国版本图书馆CIP数据核字(2013)第066224号

Chengshi Jiaotong Yongdu Zhili Shijian

书 名：城市交通拥堵治理实践
著 作 者：交通运输部道路运输司
责任编辑：钟 伟 王金霞 张 强
出版发行：人民交通出版社
地 址：(100011)北京市朝阳区安定门外外馆斜街3号
网 址：http://www.ccpress.com.cn
销售电话：(010)59757973
总 经 销：人民交通出版社发行部
经 销：各地新华书店
印 刷：北京市密东印刷有限公司
开 本：720×960 1/16
印 张：14
字 数：210千
版 次：2013年4月 第1版
印 次：2013年4月 第1次印刷
书 号：ISBN 978-7-114-10533-3
印 数：0001—3000册
定 价：32.00元
(有印刷、装订质量问题的图书由本社负责调换)

编 委 会
Bianweihui

编 写 组
Bianxiezu

前 言

城市交通与人民群众生产生活息息相关，关系城市功能的正常发挥，是涉及群众出行效率和质量的民生工程。世界各国在城市发展过程中，都经历了或正在经历着不同程度的交通拥堵问题，我国也不例外。近年来，随着我国现代化、城镇化、机动化进程的快速推进，机动车保有量快速增长，城市交通拥堵问题日益凸显，拥堵时段不断延长，拥堵路段不断增加，并由大城市向中小城市蔓延。交通拥堵进一步加剧了城市空气污染，影响了人民群众生活质量和城市综合竞争力的提升，成为许多城市普遍面临的突出问题和社会各界广泛关注的热点。

造成我国城市交通拥堵的原因是多方面的，主要表现为我国经济发展方式粗放、城市规划体系不完善、机动车过快增长、城市公共交通发展滞后等。国际实践经验表明，解决城市交通拥堵应坚持疏堵结合、综合治理。与国外城市相比，我国城市人口总量大、人口密度高、土地资源匮乏、能源紧张，这些特点决定了我国的城市交通发展必须采取集约化、高效率的发展模式，治理城市交通拥堵应进一步加强城市规划的宏观调控，提高公共交通的竞争力和吸引力，加强对交通需求的管理和引导，加快构建城市综合交通体系，同时也要不断改进城市交通管理手段，提高公众的交通参与意识和交通文明素质。

党中央、国务院对城市交通问题十分关注。2012 年 12 月，国务院印发《国务院关于城市优先发展公共交通的指导意见》，进一步强化了公共交通优先发展的理念，强调要通过优先发展公共交通缓解城市交通拥堵压力，为治理城市交通拥堵问题指明了方向。国内许多城市，如北京、上海、深圳、广州等也都进行了积极探索和不懈努力，一定程度上遏制了交通拥堵不断恶化的势头。国际上许多城市在治理城市交通拥堵过程中也采取了各具特色的政策措施，积累了许多很有价值的经验。

城市交通拥堵治理是一项复杂的系统工程，既需要各级政府和相关部门采取综合措施、共同努力，也需要学习借鉴国际先进经验。为便于各地更好地学习和借鉴国际先进经验，提高城市交通拥堵治理工作成效，我司组织交通运输部科学研究院和有关专家编写了《城市交通拥堵治理实践》一书。本书重点对12个国内外典型城市在治理交通拥堵过程中采取的做法和措施进行了系统梳理，并从强化交通规划引领、优先发展城市公共交通、推行交通需求管理、构建城市综合交通体系、建设城市智能交通系统、加强城市交通文化建设方面，分析总结了城市交通拥堵治理的经验和启示。他山之石，可以攻玉。希望本书的出版发行，能为各级政府及相关部门推进城市交通拥堵治理工作提供有益参考，为提高我国城市交通管理水平提供帮助。

目　录

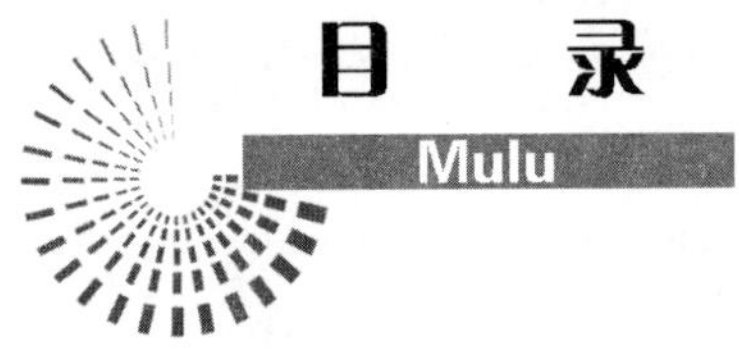

上篇:城市交通拥堵治理案例

概述 …… 3

第一章　中国北京 …… 4

一、城市概况 …… 4

二、城市交通发展沿革 …… 4

三、城市交通拥堵治理措施 …… 7

第二章　中国深圳 …… 15

一、城市概况 …… 15

二、城市交通发展沿革 …… 15

三、城市交通拥堵治理措施 …… 16

第三章　中国香港 …… 22

一、城市概况 …… 22

二、城市交通发展沿革 …… 22

三、城市交通拥堵治理措施 …… 23

第四章　新加坡 …… 29

一、城市概况 …… 29

二、城市交通发展沿革 …… 29

三、城市交通拥堵治理措施 …… 30

第五章　韩国首尔 …… 38

一、城市概况 …… 38

二、城市交通发展沿革 …… 38

三、城市交通拥堵治理措施 …… 39
第六章　日本东京 …… 46
一、城市概况 …… 46
二、城市交通发展沿革 …… 46
三、城市交通拥堵治理措施 …… 47
第七章　俄罗斯莫斯科 …… 54
一、城市概况 …… 54
二、城市交通发展沿革 …… 54
三、城市交通拥堵治理措施 …… 55
第八章　英国伦敦 …… 60
一、城市概况 …… 60
二、城市交通发展沿革 …… 60
三、城市交通拥堵治理措施 …… 61
第九章　法国巴黎 …… 71
一、城市概况 …… 71
二、城市交通发展沿革 …… 71
三、城市交通拥堵治理措施 …… 71
第十章　瑞典斯德哥尔摩 …… 78
一、城市概况 …… 78
二、城市交通发展沿革 …… 78
三、城市交通拥堵治理措施 …… 79
第十一章　美国纽约 …… 84
一、城市概况 …… 84
二、城市交通发展沿革 …… 84
三、城市交通拥堵治理措施 …… 85
第十二章　巴西库里蒂巴 …… 92
一、城市概况 …… 92
二、城市交通发展沿革 …… 92
三、城市交通拥堵治理措施 …… 93

下篇:城市交通拥堵治理经验

概述 …… 101
第十三章　强化交通规划引领 …… 104
一、提升城市交通规划的地位和作用 …… 104
二、建立以公共交通为导向的城市发展模式 …… 106
三、强化土地利用和城市交通的一体化规划 …… 108
四、加强城市交通规划的实施管理 …… 110
五、实施城市交通影响评价制度 …… 111
六、树立面向新型城镇化的交通规划新理念 …… 113
第十四章　优先发展城市公共交通 …… 115
一、加强城市公共交通法规体系建设 …… 115
二、积极发展快速大容量公共交通系统 …… 117
三、大力加强公共交通基础设施建设 …… 119
四、全面提升公共交通服务品质和吸引力 …… 121
五、切实保障公共交通车辆优先通行 …… 122
六、加大城市公共交通资金投入力度 …… 123
七、实施科学合理的公共交通票制票价 …… 124
八、规范城市公共交通运营管理 …… 127
第十五章　推行交通需求管理 …… 132
一、控制机动车过快增长 …… 132
二、实施交通拥堵收费制度 …… 134
三、实施差别化停车管理 …… 135
四、调控机动车使用强度 …… 136
五、增加机动车使用税费 …… 138
六、鼓励高乘载率车辆通行 …… 139
七、实施错时上下班和弹性工作时间 …… 140
第十六章　构建城市综合交通体系 …… 141
一、统筹规划城市综合交通网络 …… 141
二、加强城市综合客运枢纽建设 …… 143

三、改善非机动交通出行环境 …………………………………………………… 145
四、统筹区域交通协调发展 ……………………………………………………… 149
五、完善城市综合交通管理体制 ………………………………………………… 151
第十七章　建设城市智能交通系统 ……………………………………………… 157
一、建立城市交通信息采集分析系统 …………………………………………… 157
二、加强公众出行信息服务 ……………………………………………………… 158
三、建立城市交通综合管理信息平台 …………………………………………… 159
四、建设企业智能调度管理系统 ………………………………………………… 159
五、推行出租汽车电召服务 ……………………………………………………… 160
六、加快城市交通电子支付系统应用 …………………………………………… 161
七、建立交通安全应急管理信息系统 …………………………………………… 162
第十八章　加强城市交通文化建设 ……………………………………………… 164
一、加强绿色交通宣传教育 ……………………………………………………… 164
二、加强驾驶员交通安全文明教育 ……………………………………………… 167
三、加强社会公众交通安全文明教育 …………………………………………… 167
四、鼓励公众参与城市交通发展 ………………………………………………… 169
附录Ⅰ　国务院关于城市优先发展公共交通的指导意见 ………………………… 170
附录Ⅱ　典型城市治理城市交通拥堵相关文献 ………………………………… 176
北京市人民政府关于进一步推进首都交通科学发展　加大力度缓解交通拥堵工作的意见 ……………………………………………………… 176
2013 年杭州市治理城市交通拥堵工作的实施意见 ……………………………… 185
广州市中小客车总量调控管理试行办法 ………………………………………… 188
西安市缓解城市交通拥堵三年行动方案(2012—2014 年) ………………………… 198
参考文献 …………………………………………………………………………… 208
后记 ………………………………………………………………………………… 213

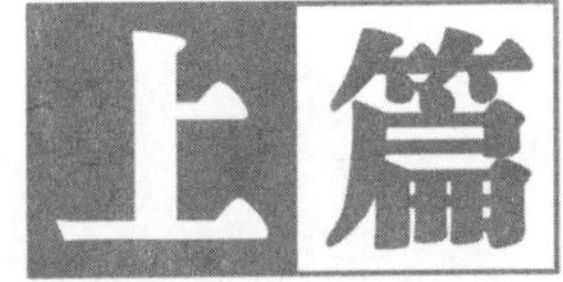

城市交通拥堵治理案例

概 述

当前,城市交通拥堵成为世界各国面临的共同难题,随着我国城市的快速发展和小汽车快速进入家庭,我国城市交通拥堵问题也越来越普遍。为降低城市交通拥堵压力,国内外许多城市因地制宜地采取了多种政策和措施,积累了丰富的实践经验,对于治理我国城市交通拥堵问题具有重要借鉴意义。

本篇着重从城市概况、城市交通发展沿革、城市交通拥堵治理措施等方面,系统介绍了国内外 12 个典型城市在治理交通拥堵方面的做法和经验,例如中国北京的机动车限行和车辆号牌管理政策、香港的轨道交通运营管理、新加坡的交通需求管理、韩国首尔的公共交通运营管理、日本东京的城市交通智能信息系统、英国伦敦的拥堵收费措施、法国巴黎的公共自行车系统、瑞典斯德哥尔摩的城市交通规划管理、巴西库里蒂巴的快速公交系统建设运营等,以求为读者提供点面结合的参考资料。

本篇在城市的选择上,主要考虑城市特点及城市交通拥堵治理的典型措施,从国际性大都市、区域性大城市、国家或地区性城市等不同类型城市中分别遴选了北京、深圳、香港、新加坡等 12 个具有代表性的城市,并按照先国内、后国外,以及亚洲、欧洲、美洲的顺序进行介绍。

本书的资料和数据主要来源于国内外城市交通拥堵治理的相关研究文献及国内外城市的官方统计资料,力求数据可靠、资料翔实。

第一章　中国北京

一、城市概况

北京是中国的首都，是中国的政治、经济、交通和文化中心，也是世界闻名的历史古城、文化名城。截至2010年年底，全市面积16411平方公里，全市常住人口1962万人，其中户籍人口1258万人，居住半年以上的外来人口704万人，常住人口密度达1195人/平方公里。截至2011年年底，全市道路里程为21347公里，其中城区道路里程6258公里。截至2012年年底，北京市机动车保有量达200万辆。

二、城市交通发展沿革

新中国成立以来，随着北京市社会与经济的发展，北京的城市交通历经了5个发展阶段：

第一阶段：出行水平较低的非机动化交通主导阶段。该发展阶段主要有三方面特征：一是出行水平较低；二是以非机动化交通方式为主；三是交通出行总量增长比较平稳。新中国成立初期，北京城市交通基础设施水平较低，常住人口仅209.2万人。1949年公共汽车恢复运营，1957年第一条无轨电车线路通车。20世纪70年代初，地铁通车运营并逐渐发挥辅助作用，地铁1号线及地铁2号线一期开通，轨道交通运营里程达到53.5公里。

这一时期的道路格局虽初步形成，但由于经济发展水平有限，机动车增长缓慢，1978年初北京市的机动车保有量仅为7.7万辆，而自行车的保有量上升到每万人4257辆，平均年增长11.6万辆左右。

第二阶段：公共交通和非机动车交通迅速发展阶段。改革开放以后，城市经济发展迅速，居民出行需求显著增长，公共交通客运量稳步提升，非机动车保有量增长加快。截至1986年年底，北京市常住人口1028万人，机动车保有量26万辆，使用自行车的出行占总出行比例的62.7%。交通结构以步行、自行车和公共交通出行为主，公共交通和自行车出行成为增长速度最快的出行方式。

第三阶段：出租汽车主导发展的机动化前期阶段。这一发展阶段的显著特征为出租汽车发展迅速，公交车和非机动车发展速度趋缓。1984年，北京市政府对兴办出租汽车的企业出台了优惠政策，企业和个人都积极申报经营出租汽车。1996年，全市出租汽车保有量达到5.9万辆，出租汽车年客运量达到6.5亿人次。

出租汽车保有量的迅速增长给城市道路带来了很大压力，交通拥堵问题日益凸显。为此，北京市加大城市道路建设力度，建设了四环路快速车道和部分五环路，并完善了环路之间的快速联络线，对相关道路进行了整合、拓宽，打通断头路，收到了良好的效果。

第四阶段：小汽车迅速增长的快速机动化阶段。1995年以后，北京进入全面机动化时期，私人小汽车为主的机动车数量迅速增长。1995年，北京市的机动车保有量发展到80万辆，交通拥堵压力增大。北京市采取改造道路交叉口、扩大城市规模、调整城市功能布局等措施来缓解交通拥堵。2005年，北京市机动车保有量达到250万辆，快速的机动化带来了新一轮的交通拥堵。北京市采取建设新城、公交优先、加大轨道交通建设、加强交通需求管理等措施来治理城市交通出现的诸多问题。

第五阶段：以轨道交通建设为主导的公共交通发展阶段。2006年以后，北京市机动车保有量的持续增长使城市道路交通运行压力不断加大，道路交通逐步进入了饱和拥挤阶段。为此，北京加快了以轨道交通为主的新北京交通系统的建设步伐，主要包括两方面：一方面不断加快城市轨道交通投资与建设的步伐。计划2016年轨道交通总运营里程达到664公里，形成"三环、四横、五纵、八放射线"的轨道交通网络。另一方面重点优先发展公交，提高公交出行对人们的吸引力。

2007年1月，北京市在推行公交一卡通的同时，调低公交票价，同年7月又进一步调低了轨道交通价格。2008年上半年，公共交通出行比例超过小汽车的出行比例。

截至2012年年底,北京市机动车保有量达到520万辆,其中私人小汽车408万辆,占总保有量的78%。机动车数量为1995年的6.5倍,私人小汽车数量则是1995年的13.4倍。慢行交通出行比例不断下降,骑自行车出行的比例由1986年的62.7%下降到2011年的15%。2012年年底,北京市拥有轨道交通线路16条,运营里程为442公里。北京市公共交通出行比例提升到44%,比2005年提高了14个百分点。

当前,北京道路拥堵状况较2007年有所好转,但拥堵指数显示,拥堵程度仍在逐渐加重,特别是中心城区道路基本处于饱和状态,交通拥堵开始由中心城区向新城蔓延。

专栏1-1　北京市2010年与2009年交通拥堵指数变化对比情况

北京市根据路网运行状况将拥堵程度划分为五级,分别为畅通、基本畅通、轻度拥堵、中度拥堵和严重拥堵,对应的拥堵指数分别为0~2,2~4,4~6,6~8,8~10。依据北京市交通委员会公布数据,2010年北京市工作日道路网平均日交通拥堵指数为6.14,比2009年(指数为5.41)增加了13.6%,如图1-1所示。

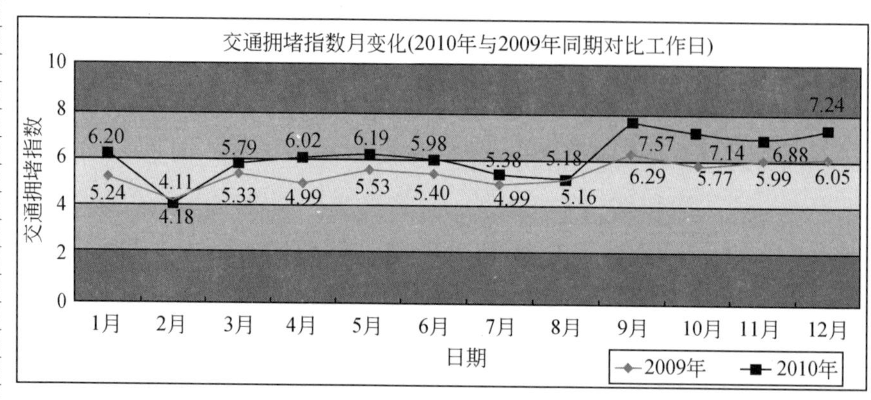

图1-1　北京交通拥堵指数变化对比

北京市五环(含五环)范围内,早高峰(7:00—9:00)期间,路网车辆平均行驶速度为23.9公里/小时,其中快速路车辆平均行驶速度为35.1公里/小时,主干道车辆平均行驶速度为22.2公里/小时。晚高峰(17:00—19:00)期间,路网车辆平均行驶速度为21.2公里/小时,其中快速路车辆行驶速度平均为30.2公里/小时,主干道车辆平均行驶速度为19.7公里/小时。2010年五环内路网车辆行驶速度较2009年同期有所降低,早、晚高峰路网车辆平均行驶速度分别降低了3.2%和4.9%。

三、城市交通拥堵治理措施

(一)实施机动车号牌尾号限行

机动车号牌尾号限行措施是北京市区目前正在实行的一项缓解道路交通压力的重要措施。该措施起源于2007年"好运北京"测试赛和2008年奥运会、残奥会期间在全市范围内的机动号牌单双号限行制度。机动车号牌单双号限行制度的实施对改善空气质量和城市交通运行起到了较好的作用。因此,残奥会结束后,这项措施转变为根据车辆号牌尾号分为5组,周一至周五7:00—20:00在五环内限行一组,即每个工作日限行五分之一的车辆;公交车、出租汽车以及工程抢险车等特殊车辆不受限号规定的限制。北京市交通委员会发布的《北京市"十二五"时期交通发展建设规划》明确提出,北京市机动车号牌尾号限行措施将一直实施到2015年。

专栏1-2 "好运北京"测试赛机动车尾号单双号限行

2007年8月17日至20日"好运北京"测试赛期间,北京市第一次对机动车按号牌尾号进行限行。期间北京全市范围内的机动车,包括在北京的外省机动车,除了部分车辆(如警车、公交车、出租汽车、环卫作业车等)外,都按照单日单号车上路,双日双号车上路的规定行驶。此外,北京市各级政府部门和企事业单位在单双号的基础上再停驶20%的车辆。违反单双号规定上路的驾驶员会被罚款100元并责令其原路返回。为了应对限行带来的客流,公交地铁都增加了班次,以提高公共交通运输能力。据统计,限行期间,北京共停驶机动车约130万辆,全市道路畅通比例超过九成,机动车尾气减排达到5815.2吨。

(二)推行购买机动车摇号政策

为缓解北京市交通拥堵,北京市政府研究提出了应对和解决交通拥堵的综合措施,并于2010年12月21日正式向社会发布《北京市人民政府关于进一步推进首都交通科学发展加大力度缓解交通拥堵工作的意见》(以下简称《意见》)。《意见》提出了北京市缓解交通拥堵的工作思路和目标,并从"规、管、建、限"方面提出了28条有针对性的缓解交通拥堵措施,这为着力解决北京目前存在的交通问题、提升城市科学管理水平指明了方向。《意见》中第十九条提出的实行小型客车保有量增量调控,以摇号方式无偿分配小型客车配置指标的重要举措,对于限制北京市机动车数量的过快增长,缓解城市道路拥堵起到了明显成效。

2011年,北京市政府将每年新增小型客车的数量限定为24万辆,即平均每月2万辆。指标额度中个人占88%,营运小型客车占2%,单位占10%。符合购买条件者需要通过登记系统填写相关信息,最终通过审查者可获得一个有效的申请编码,并将每月8日定为申请截止日期,每月26日定为公开摇号日。取得指标的购车者需在6个月内办理完成机动车登记手续,否则需要重新开始上述过程;未取得指标的购车者信息,自动进入下个月的摇号系统,满3个月后需确认延期方可有效。

自机动车摇号政策实施以来,北京市机动车保有量增长速度明显放缓。2012年全年新增机动车21.7万辆,平均月增量(6.58万辆)比2010年减少了4.77万辆，降幅达到72.5%，同时私人小汽车出行比例也首次下降。2011年上半年小汽车出行比例为32.7%，较2010年底下降了1.5%。截至2013年3月，北京小型客车摇号已经进行了27期，申请摇号的人数从第一期的20多万人增加到目前的约160万人，中签比例也不断下降，由2011年第一期的1∶10，下降到2012年3月的1∶80。

(三)优先发展公共交通

北京市是国内最早提出“公共交通优先发展”战略的城市之一。并将公交优先作为解决北京交通问题的最为重要的方案之一。

专栏1-3　北京市公共交通优先政策

1. 降低市区地面公交票价

自2007年1月1日起，北京发行市政交通一卡通的普通卡和学生卡，实行持卡成人4折、学生2折的票价优惠政策。低票价政策实施后，原月票有效线路和无效线路车辆高峰平均满载率趋于均衡，市民公交出行费用大幅降低。

2. 优化公交线网，提升公交服务水平

一是优化公交线网，减少重复线路，扩大覆盖范围。从2006年8月起，共分六批优化调整线路276条，逐步建立起了以公交快线网为骨架、普线网为基础、支线网为补充的三级公共交通网络。

二是强化公交优先理念，加大路权优先力度。自1997年北京市在长安街开设了全国第一条公交专用道以来，截至2007年年底，北京已在80条道路上开设公交专用道217公里，其中四环路内主干道上有160.1公里。同时北京还逐步建立起公交信号优先系统，对大容量快速公交车实行信号优先，并在通勤管理中兼顾公交优先。

三是完善公共交通换乘设施，缩短换乘距离，改善换乘条件。按照客流量规模、集散能力，北京市将换乘设施分为三级。其中一级换乘节点即综合枢纽站，日客流量达8万人次以上，可实现公交、地铁等多种交通方式的“零换乘”，如动物园、六里桥、北京南站等。二、三级换乘节点即换乘中心站和换乘站，日客流量分别在5万~8万人次和2万~5万人次，如安定门、北官厅等站。同时为方便小汽车与公交、地铁之间的换乘，在中心城周边轨道交通和大容量快速公交车站规划了26处驻车换乘场站，如天通苑北、北苑等站附近的驻车换乘场站。

四是加快更新环保车辆，提高乘坐舒适性，减少尾气排放。目前，北京市公共汽车的尾气排放全部符合国Ⅲ标准。

3. 制定轨道交通建设规划，加快线网建设

2007年国家发展改革委批复了《北京市城市快速轨道交通建设规划(2004~2015年)》，十二五期间又对该规划进行了进一步调整，按照调整后的规划，到2015年，北京市轨道交通运营总里程将达到664公里，形成“三环、四横、五纵、八放射”的轨道交通网络。

同时，北京市通过充分挖掘潜力，缩短发车间隔，增加列车编组，以适应网络化运营要求，应对大客流压力。

2007年10月7日，随着地铁5号线的开通试运营，轨道交通实施全路网单一票制、每人次2元的低价票政策，同步实现了进站换乘不再购票验票，提高了换乘效率和服务水平。

4. 加强城市交通战略规划

2005年，北京市政府发布了《北京交通发展纲要》，明确提出了加快构建以轨道交通和大容量快速公交(BRT)为骨干、地面公交为主体的公共交通综合运输体系。2010年城市轨道交通线网和大容量快速公交系统初具规模，中心城区公共交通系统承担全日出行量的比例达到40%以上。

2006年年底，北京市政府发布了《关于优先发展公共交通的意见》，确定优先发展公共交通的总体思路是“两定四优先”。“两定”是确定发展公共交通在城市可持续发展中的重要战略地位，确定公共交通的社会公益性地位；“四优先”是公共交通设施用地优先、投资安排优

先、路权分配优先、财税扶持优先。同时,北京市政府将优先发展城市公共交通工作分为三步:第一步,降低统一票制票价,优化提升市区地面公交系统;第二步,加快轨道交通建设,实行轨道交通全网低票价政策;第三步,对郊区公共交通进行改革,加快构建农村地区公共交通系统。

2009年7月,北京市政府颁布了《北京市建设人文交通、绿色交通、科技交通的计划》,提出了着力建设"公交城市"。"公交城市"是指以节约化、社会化公共运输方式为主导、多种交通方式协调运转的交通系统,并与城市发展相协调的城市。它要求城市交通跟城市的形态、城市的发展、城市历史风貌的保护以及城市的其他方面和谐共存。

截至2011年年底,北京市拥有公交专用道324.5公里,公共交通车辆3.9万标台,其中城市轨道交通车辆数7125标台,城市轨道交通运营线路总里程372公里,公共交通建设有了长足发展。以京通快速路为例,2011年5月24日,京通快速路公交专用道正式开通,公交车平均运行速度达到52公里/小时,较开通前提高108%。地面公交早、晚高峰日均客运量达12.6万人次,较开通前一周增加1万余人次。

(四)推进城市交通信息化建设

北京市交通运行监测调度中心(TOCC)是北京市综合交通运输协调体系的重要组成部分,旨在促进交通发展模式"从各行业独立运行向综合协调"转变,实现全市综合交通运输的统筹、协调和联动,提升北京市交通运行效率和服务水平,是缓解交通拥堵的需求,并做好重大活动或应急情况下的交通保障。

TOCC以服务政府决策、行业监管、企业运营、百姓出行为宗旨,通过整合城市道路、公路、地面公交、轨道交通、出租汽车、省际客运、公安交管、民航、铁路、气象等数据和系统,全面开展交通运行监测、多种交通方式协调联动、决策支持与出行信息服务等工作。TOCC用信息提速北京交通智能化进程,通过无处不在的交通感知网络,构建人、车、路和环境协调运行的新一代综合交通运输管理系统。TOCC 运行采用“平战结合”的模式。日常情况下,以运行监测、预警预报、数据分析、信息服务为主;重大活动或应急情况下,依据预案由相关机构进驻指挥大厅进行统一高度指挥。

此外,TOCC 与首都机场实现了数据共享,机场提供未来 1 小时内航班进出港情况,方便交通部门根据客流情况合理安排机场线和出租汽车接驳,同时 TOCC 将机场周边及城区部分道路的拥堵情况传递给机场,方便对方安排机场大巴的运营,在一些特殊情况下动态绕开“堵点”,保证乘客出行。另外,TOCC 跟公安部门实现更多地互动,通过利用动态的路况信息,更全面地分析路网拥堵情况,及时发出提示和预警。随着更多数据的引入,TOCC 的路况播报将从现有的五环内主要道路,扩展到高速公路、国道和部分省道。目前,TOCC 接入的数据大多每半小时更新一次,交通部门快速作出判断,疏导拥堵,保障市民出行顺畅。

TOCC 以整合、接入、共享为基础,已整合 2800 多项数据,接入 6000 多路视频和 13 个应用系统,初步建成集轨道交通、地面公交、出租汽车等综合运输方式和城市道路、高速公路监控调度、统计分析、气象保障和应急指挥为一体的新一代综合交通运输管理系统,实现了全市综合交通运输的统筹、协调和联动,建立了常态化综合交通运输协调管理体系,为缓解交通拥堵、提高交通运行效率和安全提供了重要保障。北京市交通行业数据资源管理与共享交换平台见图 1-2。

图 1-2　北京市交通行业数据资源管理与共享交换平台

专栏 1-4　北京市公共交通信息化建设

1. 公交智能调度系统

该系统建设了三级运营组织与调度系统，采用纵深三级的管理体系结构，覆盖公交集团公司、9 个核心运营分公司（5 个分中心）、190 个车队和 537 条线路，采取 IC 卡识别和全球定位系统（GPS）辅助监控方式来实现运营组织管理电子化，实现自上而下的控制与自下而上的信息流向的信息管理机制。截至 2010 年年底，北京公交集团公司所有线路全部使用该系统，实现了运营数据的实时查询和统计分析，提高了运营管理水平。

2. 公交图像信息管理系统

该系统包括 1 个图像信息管理中心、11 个图像信息管理分中心。在 60 个公交场站、750 个公交中途站和 1377 辆公交车内建设了视频监控系统，实现与政府和相关单位的图像资源共享，可以有效掌握客流、运营和安全情况，为调度指挥、安全管理提供技术支持。

3. 公交车辆 GPS 监控调度系统

该系统可实时、动态掌握公交车辆运行状况，提高运营组织、调度指挥和管理水平。目前，北京公交集团公司总监控运营车辆达 14906 辆，占总数的 51%。

4. 城市轨道交通路网指挥中心指挥系统

该系统可实现对车站、线路和路网的实时监控，并对采集数据进行统计分析，可生成报表、报告和趋势图并定时发送到指定机构。该系统对提高轨道交通运营的日常监督、管理、运营调整和调度指挥水平，提高对突发事件的应急能力、协助抢险救援具有重大意义。

（五）实施差别化停车收费管理

为缓解重点地区交通拥堵，推进绿色北京和绿色交通建设，2011 年，北京市发展和改革委员会印发了《关于调整本市重点区域非居住区停车场收费标准的通知》,对市区停车场收费标准作出调整,并于2011年4月1日开始执行。此次停车场收费调整的主要内容包括:调整了13个重点区域非居住区白天停车收费价格。占道停车场、路外露天停车场、非露天停车场白天(7:00—21:00)停车收费标准,由2.5元/半小时分别调整为5元/半小时、4元/半小时和3元/半小时。重点区域内占道停车收费实行累进加价政策,首小时后收费加价50%。北京市交通委员会的跟踪调查显示,实施差别化停车价格后,13个重点区域占道停车场的停车次数有所减少,停放时间有所缩短,区域内的小汽车交通流量下降了12%,区域路网通行能力、运行速度有所提高,差别化的停车收费管理初步发挥了价格杠杆的调节作用。

结合此次停车价格的调整,北京市进一步规范了停车管理秩序,加大了违法停车检查处罚力度,并开展了停车服务季活动,收到了良好效果。与此同时,北京主城六区进一步挖掘停车潜力,对静态车位实施动态管理,将11700多个车位推行错时停车,缓解了部分小区居民停车难的问题。

(六)统筹城乡客运一体化发展

2006年以来,北京市加快优化公交线网,按公益性定位对郊区公共客运进行改革,统筹城乡客运一体化发展,逐步建立以快线网为骨架、普线网为基础、支线网为补充的三级公共交通网络。依托高速公路开通的远郊快速公交线路达52条,配车2500余辆,实现了行政村"村村通公交"。在行业管理方面,明确责任主体,市区和市郊公交的行业管理由市级交通运输管理部门负责,区县境内的客运由区县政府负责,区县交通主管部门负责行业管理,并由市级交通运输管理部门指导。在线网布局方面,明确公共客运网络的服务范围:市郊公交线路主要服务于市区与远郊区县县城和重点乡镇以及远郊区县间的出行,区县境内客运线路主要服务于各远郊区县境内的出行。在票制票价优惠政策方面,持卡乘车实行与市区公交同样的折扣优惠,区县境内客运票价根据各自情况实行优惠政策。在扶持政策方面,市区和市郊公交的财政扶持由市级负责,区县境内客运财政扶持由区县政府负责,市级给予支持。

第二章　中国深圳

一、城市概况

深圳是中国第一个经济特区，中国重要的经济中心城市和中国南部海滨城市，位于珠江口东岸。深圳土地面积约1992平方公里，人口约1047万人，2012年机动车保有量约230万辆，人口密度达5256人/平方公里。

二、城市交通发展沿革

1979年深圳建市，同时建设了第一条道路，全长2.1公里。1980年深圳被国务院确定为“经济特区”，但城市规模尚未形成，城市人口仅1万，农村人口约30万。1993年，深圳扩大特区范围，开始第一次城市化进程。

20世纪90年代起，伴随社会经济的持续快速发展，深圳市城市人口与居民收入持续稳定增长，开始进入私人机动化高速增长期。交通需求总量的急剧膨胀与道路交通设施供给不足的矛盾日益突出，中心城区乘车难、行车难、停车难的问题日益凸显，给市民的日常生活和城市环境带来许多不利影响，制约了社会经济的健康发展。一方面，城市快速发展使常住人口持续增加，居民出行活动频繁，1991年至1997年间深圳市客运出行总量增长72%；另一方面，经济快速发展使小汽车数量猛增，小汽车出行比例迅速提高。这一时期深圳城市交通问题主要表现在由于部分道路交叉口缺乏信号控制设施，导致通行效率不高，交通拥堵现象突出。为解决这一城市交通问题，深圳市通过完善交通信号控制设施、优化调整交通信号配时、拓宽渠化道路交叉口、增加道路交叉口进出车道数等措施，规范交叉口交通秩序，使道路交叉口通行能力普遍提高了20%～30%。

1997年后，深圳市迎来了新一轮大发展，城市发展重心逐渐西移，城市交通需求持续增长。同时，由于小汽车以超过20%的年均增速快速进入家庭，使得东西向狭长带状结构的市区道路交通负荷不断增加。交通需求的增长使深圳市区内东西向主次干道的车流较为集中，这一阶段深圳通过采取重新分配道路资源、设置公交车专用道、完善道路网络结构等措施来缓解主要干道的交通压力，并推行咪表停车，加强路边停车管理，缓解交通拥堵。

进入21世纪，深圳市已发展成为一个初具规模的国际化城市，城市呈组团式发展，城市发展重心进一步西移。2002年全市机动车保有量已达到38万辆，小汽车依旧保持高速增长，导致中心城区路网运行车速度全面下降。同时，由于过境、疏港交通穿越中心城区，地铁1号线各类接驳设施的工程建设和中心城区乱停车等问题使深圳城市交通形势日益严峻，交通拥堵区域不断扩大。为缓解中心城区交通拥堵状况，深圳市政府高度重视轨道交通的发展。2004年，深圳地铁一期工程建成通车，发展至2012年，深圳已经建成5条地铁线路，运营里程达178公里，形成网络化运营格局，深圳市进入了地铁时代。

"十一五"时期深圳市社会经济继续保持高速发展，城市建设重点也不再局限于原经济特区内，特区外组团中心、城市副中心加快建设，城市多中心格局初步形成，城市综合交通体系基本建立，对外交通联系进一步加强。与此同时，深圳市机动车保有量飞速增长，至2012年2月末，深圳市汽车保有量突破200万辆，道路车辆密度突破300辆/公里，成为全国道路机动车密度最高的城市之一。

三、城市交通拥堵治理措施

(一)开展"公交都市"创建活动

2010年11月，交通运输部与深圳市政府签署了《共建国家"公交都市"示范城市合作框架协议》。在该协议下，深圳市提出了技术减碳、结构减碳、制度减碳、管理减碳以及消费者减碳五大策略，系统推进低碳、高效的交通运输体系建设。2011年10月，深圳市出台了《深圳市打造国际水准公交都市五年实施方案》，提出"按照国家把深圳经济特区建设成'一区四市'、部市共建'公交都市'示范市框架协议有关要求以及市委、市政府建设国际化城市的战略部署，以新加坡、中国香港等国际先进城市为标杆，加快转变交通发展方式，综合运用‘交通供给、交通需求和交通引领’三大策略，实施‘九大工程’，全面提升公共交通的‘规划—建设—运行—管理—服务—应急’的体系能力，力争用5～10年的时间，基本建成国际水准‘公交都市’，使快捷、安全、方便、舒适的一体化公交体系成为广大市民值得信赖的出行选择。”

“十二五”期间深圳市计划实施九大“公交都市”建设工程：

(1)在主要客流走廊实施公交路权优先、道路交叉口信号优先工程建设，提高公交运行速度。

(2)继续加快轨道交通建设，发展中运量快速公交，解决大客流通道上的公交需求；鼓励有关单位开行通勤班车。

(3)“十二五”期间建成六大综合交通枢纽，推动对外客运交通与城市公共交通的换乘；推进大型公共建筑、活动中心、商业办公建筑、大型居住区的公交场站同步配套建设。

(4)集成智能公共交通管理系统，实现公交网络智能调度和全程实时监控。

(5)推进自行车道网络建设，改善自行车通行条件；结合轨道二期的建设，在轨道交通换乘点和大型公交场站布设公共自行车租赁点。

(6)推进与轨道交通站配套的公交车、出租汽车、非机动车停放设施同步规划、同步征地、同步施工、同步建成；建立一体化的公交票价政策，推进各种公交方式的统一收费和统一结算。

(7)推广应用纯电动、混合动力及天然气公交车辆，配套建设充电站、加气站等相关设施；研究出台促进新能源公交车辆使用的配套政策和措施。

(8)推进公交社区服务示范区建设，全面提升社区公交服务水平。

(9)结合轨道交通建设进程，逐步、适度调整小汽车的拥有和使用政策，推动低碳出行。

此外，深圳市还建立了综合、高效的工作协调机制，交通、发改、规划、公安等各相关部门紧密配合，分工协作，为“公交都市”示范工程的开展提供了组织保障。

专栏2-1　深圳"公交都市"创建工作进展

2011年深圳公交都市建设开局良好,全市公共交通日均客流量突破900万人次,其中地铁日均客流量达186万人次。原特区外500米公交站点覆盖率由81%提高至85%,公交机动化分担率由46%提高至53%,公交投诉率同比下降18.46%。全年新开通、调整公交线路193条,新增、更新公交车辆3493辆,新建了619座新一代公交候车亭,全年新增公交专用道168公里;城市轨道交通二期工程5条线路全线开通,运营里程达到178公里,深圳迈进了"轨道交通时代";同步规划实施了130条公交接驳线路,全市589条既有线路均可在100米范围内实现与轨道站点的接驳,全市69%的建成区可直达轨道站点。截至2012年年底,深圳市全市公交日均客流量达1007.39万人次,深圳成为全国第4个公交日均客流量突破千万人次的城市。

交通规划方面,深圳市完成了"十二五"综合交通、路网、物流、公共交通、智能交通发展规划,以及宝安、龙岗、光明、坪山交通运输"十二五"规划的编制工作。制定了"十二五"规划纲要交通物流实施方案,出台12大行动共计68项措施,建立了由287个项目组成的项目库。完成了《深圳市城市交通白皮书》和《深圳市停车发展政策及实施方案》等交通发展政策研究。

交通设施建设方面,一批重要城市主干道建设和提升改造工程顺利完成,2012年全市共打通33条断头路,共建成与地铁接驳的27个公交场站和多个行人过街设施。

(二)发布《深圳市城市交通白皮书》

2012年5月,深圳市政府正式对外发布《深圳市城市交通白皮书》(以下简称《白皮书》),《白皮书》明确了深圳市城市交通发展战略,提出了一系列重大政策措施，对促进深圳市交通运输体系的健康发展具有重要的指导意义。《白皮书》第一次系统明确了新时期强化交通需求管理的一系列政策措施，按照平衡交通需求与供应的原则，《白皮书》提出利用设施供应、经济杠杆、行政管理和宣传倡导等综合手段，以新一轮停车发展政策为近期主要抓手，加强对机动车使用的引导与调控，缓解全市特别是中心城区在高峰时段的道路交通压力。

（三）实施差别化停车收费管理

经济手段调控是解决交通问题的有效手段，为引导小汽车的合理使用，深圳市于2006年9月实施了新的《深圳市机动车停放服务收费管理办法》，通过合理提高交通拥堵区域的停车收费，引导市民降低小汽车使用强度。停车费提高后，中心城区交通改善效果较为明显，依据深圳城市交通综合治理办公室对停车收费上调初期（9月、10月）的调查数据，以华强北片区为例，主干道车速提高了8%～16%。2008年7月，深圳市执行的《深圳市机动车停放服务收费管理办法》中又明确提出：采取实行分区分时收费、路内停车与路外停车相结合的停车收费与管理政策，采用政府定价、政府指导价、市场调节价相结合的定价方式。同时，为了进一步加强差别化停车收费管理的科学性，深圳市交通运输委员会组织开展了《深圳市停车发展政策及实施方案》的研究。

专栏2-2　深圳市城市交通白皮书"停车发展政策"

第九十一条　以调整停车收费为主要抓手，采用经济手段引导车辆使用。

（一）根据停车收费政策对缓解交通拥堵的评估效果，适时调整停车收费标准。按照交通综合调控分区优化调整现行停车分区，扩大现行停车分区一类区域和二类区域范围。遵循一类区域高于二类区域（二类区域高于三类区域）、路内高于路外、峰期高于平期的原则，研究提高非居住区公共停车场白天的收费标准。保持居住区停车收费相对稳定。研究制定路内停车收费管理政策和实施方案。

（二）加强公务车停车费用管理。各级党政机关、事业单位的公务车停车费实行定额管理制度，额度外停车费财政资金不予支付。

（三）政府投资建设的停车场、占用市政用地的临时停车场和路内停车的收入上缴财政，纳入交通发展专项资金用于发展城市公共交通。

（四）对特别拥堵的区域或路段，研究交通拥挤收费的可行性。

注：一类地区：罗湖商业片区、水贝片区、八卦岭片区、上步、白沙岭片区、福田南、滨河片区、福华新村片区、中心区、彩电工业区、车公庙、南山中心区、南头北片区。

二类地区：特区内一类区域以外的其他地区。

三类地区：特区外所有地区。

（四）注重交通节点建设

《白皮书》第六十八条明确提出，要完善公交枢纽、场站和停靠站建设：

一是完善各类客运枢纽的公交接驳场站建设。加快轨道二期站点配套的公交接驳场站、公交停靠站等设施建设，完成周边道路交通恢复与完善工作。近期规划建设轨道公交接驳场站 55 个，面积约 21.5 公顷。

二是大力推进常规公交场站建设。按照“统一规划、统一建设、统一管理”的方式，加大政府对公交场站的投资建设力度，建立相应的用地保障制度。研究实施居住区开发和大型公共建筑的公交场站配建制度，建设“公交社区”、“公交建筑”。近期规划建设常规公交场站 177 个。

（五）完善步行及自行车交通网络

深圳市小汽车的迅猛发展不仅给城市交通带来巨大压力，同时机动车交通不断侵占城市步行及自行车空间，使步行、自行车交通环境日益恶化。

根据深圳市政府颁布的整体交通规划，深圳市将建设“以轨道为核心、公交为主体的各种交通方式协调发展”的综合交通体系，将主要依靠“公交+步行、自行车”出行模式来解决城市交通问题，因此步行及自行车交通在解决城市交通问题中将发挥重要作用，而构建以人为本的步行、自行车交通环境是实现这一发展目标的关键。

专栏2-3　深圳市步行及自行车交通网络

深圳市步行及自行车交通从交通功能的角度出发可划分为三类单元：第一类为轨道交通接驳区，即以轨道交通站点为核心的慢行接驳网络；第二类为步行、自行车活动区，主要涵盖各类步行街、步行区以及主要的风景区；第三类为一般区域，为市内除第一类、第二类区域外的其他区域。

深圳市结合城市现有的绿地公园、公共开敞空间等天然绿化条件，综合考虑环境吸引力等因素，从慢行休闲健身功能出发规划了包括华侨城走廊、竹子林园博园步行及自行车走廊在内的10条城市绿色远足走廊。远足走廊注重郊野氛围的营造，结合远足需求，提供完善、丰富多彩的慢行通道和直饮水等慢行设施。

在快慢合理分离的发展策略指导下，结合不同的步行、自行车单元划分，特区自行车道根据功能和服务对象不同主要划分为两类：一是自行车廊道，规模约为双向228公里（现状保留110公里，规划新增118公里），主要是满足居民通勤出行的需要，直接服务于短距离出行以及利用自行车接驳骨干公交站点。自行车廊道构成深圳市自行车网络的主骨架，主要结合学校、工业园区、住宅区等片区以及轨道交通站点布设；二是自行车休闲道，规模约为17公里，主要功能是满足居民休闲、健身需要的自行车出行，是深圳市自行车网络的重要补充，主要结合华侨城、滨海休闲带、笔架山公园等环境优美的地区布设。

第三章　中国香港

一、城市概况

香港是中国的特别行政区，位于中国广东省珠江口以东，是国际重要的金融、服务业及航运中心，主要由香港岛、九龙半岛和新界内陆地区组成。香港土地面积约1104平方公里，人口约707万，2011年机动车保有量约63万辆，人口密度达6404人/平方公里。

二、城市交通发展沿革

20世纪60年代开始，随着香港工商业的迅猛发展及人口的急剧增加，各种车辆包括私人小汽车、公共汽车和出租汽车的增速远远超过道路建设速度，从而导致行车密度越来越高。20世纪60年代初每公里道路平均行车数量约50辆，至1975年则上升到每公里178辆，香港地少人多、楼多、路窄的局面没有改善。同时，公共交通设施严重不足，城市各功能区之间缺乏有效的交通连接，交通拥堵和交通事故时有发生。20世纪70年代，香港进行了规模庞大的城市化建设工程，在基础设施大规模建设期间，城市交通出现严重的拥堵现象，影响了社会经济活动的正常运行。城市机动化发展迅速，特别是私人小汽车数量猛增，是导致城市交通拥堵问题的重要原因，80年代初期，私人小汽车在机动车中的比例已高达66.7%。

20世纪80年代中期，由于公共交通的迅速发展，私人小汽车增速减缓，其在机动车中的比重减至50%。1988年数据显示，香港居民公共交通出行比例达到了87%。20世纪90年代以后，巴士步入空调时代，香港居民出行则主要依靠公共交通，出租汽车在全港车辆总数中所占比重也呈下降趋势。2007年香港地铁公司和九广铁路公司合并为港铁公司，合并后的香港轨道交通运营里程168.1公里，运营线路9条，车站80个。发展至今香港公共交通系统已形成以轨道交通、巴士、轮渡等组成的运输网络，遍及市内各个区域，香港的城市交通也形成了以公共交通出行为主的多元化城市客运体系。

2011 年，香港机动车保有量达到 63 万余辆，其中私人小汽车 43.5 万辆，每公里道路承载车辆数高达 303 辆，城市道路交通压力巨大。为使香港有限的道路创造出最大的效益，“公共交通优先”被确定为香港交通运输的基本政策之一，大容量运输工具，特别是轨道交通得到优先发展。香港城市交通历经多年的发展，通过优先发展以轨道交通为骨干的公共交通系统，实现了城市交通的高效运转。

三、城市交通拥堵治理措施

(一)规范公共交通运营管理

20 世纪 70 年代以来，香港一直奉行独特的自由经济体制，即“积极不干预”政策。该政策的实施，使香港的交通资源得到合理配置和高效利用，公共交通在为市民提供快捷、舒适及方便的服务的同时，还实现了一定的盈利，使香港成为全世界少数公共交通盈利的城市之一。

专栏 3-1　香港公交运行机制

1993 年起，香港实行私人经营、政府监管的公共交通运行机制。公共汽车业务由私人企业经营，自筹资金、自负盈亏，但线路专营权、票价、利润水平、服务规范、购车数量等均需接受政府的监管。香港公共交通的部分基础设施建设主要采用建设—经营—转让(BOT)形式，政府以招标的方式批准私营机构建设，并给予其一定期限(如 15 年)的经营权，经营权到期后交还政府。该机制既使企业有长期投资、改善经营管理和提高服务质量的动力，又兼顾了整体交通网络规划和乘客利益。

香港是世界上少数不由公营巴士企业提供公共交通服务的城市之一，是从开始实施整体交通规划时期就支持以竞争的市场机制来运行巴士系统。该机制将政府宏观调控和实施竞争与规制相结合，在这种机制下私人运营企业大都能保持良好的营运效率，并能赚取到合理利润。公共汽车专营企业主要通过票款收入和场地物业开发维持运营。允许和鼓励公共交通运营企业多元经营，是香港公共交通盈利的主要原因。

专栏3-2 香港地铁盈利模式

香港地铁由政府全资的香港地铁公司经营，但同时又通过市场化机制运作，根据审慎的商业原则来兴建和经营轨道交通系统。这一体制明确向地铁企业传递两条重要信息：一是地铁系统是政府全力支持的，应对地铁建设有信心，政府对地铁公司财政上的支持是将资金作为股份注资在公司里；二是公司运作必须按照商业原则进行，遵循成本效益核算的基本要求。

香港特别行政区政府对地铁公司不进行直接补贴，由于地铁建设和运营的成本巨大，香港从开始就采取了地铁与房地产联合开发的模式。这一模式的主要思路是在地铁项目建设时，由政府批租沿线部分土地开发权，利用地铁建设带来的未来土地升值效应来弥补地铁项目建设和运营的资金缺口。具体做法是：在地铁场站或场站周围划出一定面积的土地，协议出让给地铁公司，与地铁场站一同规划、设计和建设。地铁公司按照未建设地铁时的市场评估低价向政府缴纳地租。同时，地铁公司通过公开招标的方式确定房地产的合作开发商，建造费用和风险由地产商承担，地铁公司一般可分享一半的开发利润。地铁商场由地铁公司统一出租，地铁物业由地铁公司自行负责管理。轨道与房地产的联合开发为香港地铁赚取了巨额的开发利润。

在香港1975年至1986年期间建设的3条地铁线上，由香港地铁公司开发房地产18处，收益约40亿港元，约占地铁建设总成本(250亿港元)的16%。香港机场地铁线路长34公里，投资约351亿港元，沿线联合开发房地产项目5个，建筑面积约360万平方米，给地铁公司带来约180亿~200亿港元的收益，约占地铁投资的50%。同时，联合开发不仅解决了交通问题，而且带来了更大的客流。

在票价政策方面，香港公共交通具有明确的定价机制和价格体系。轨道交通票价主要根据审慎的商业原则确定，须通过既定的咨询程序，包括咨询立法会、交通事务委员会和交通咨询委员会。咨询程序通过后，地铁公司拥有完全的自主权，如提出换乘优惠计划、免费接驳巴士等，以进一步减少市民出行成本，吸引客流。

(二)优化公共交通系统结构

独具特色的城市公共交通服务系统遍及香港各个区域，现代化、多元化、网络化的交通体系基本形成。香港的公共交通已经形成了以轨道交通为骨干，以巴士为辅助与地铁网络接驳的公共交通运输网络，为减轻城市道路网络运输压力，方便居民快捷、安全、舒适出行，推动城市社会经济可持续发展发挥了重要作用。2010年香港公共交通客流量达到42.51亿人次，日均客流量达到1180万人次，占通勤总量的89%。

香港的巴士客运量占公共交通客运量的52%以上，但香港政府并不盲目发展巴士，采取了限制巴士数目增长，不鼓励巴士提供长程服务，减少市区道路巴士班次等措施，意在减轻城市道路运输压力，防范道路交通拥堵；而是提倡巴士为地铁提供接驳服务，鼓励巴士与地铁的换乘计划。香港巴士主要分为专营巴士、非专营巴士及小型巴士三个类别，各类巴士的运营各具特色。

(1)专营巴士即通常概念上的常规公共汽车，被定性为“中容量交通工具”，由政府授予运营企业专营权，专营巴士基本实行区域化经营。

(2)小巴分为绿巴和红巴，绿色小巴被定性为“低容量定线交通工具”，主要目的是对铁路和巴士提供接驳服务,并满足偏远地区的交通需求,市场份额占公交日出行量的10.9%;红色小巴被定性为“低容量非定线交通工具”,主要服务自由市场,占公交日出行量的4.2%。另有居民小巴,其功能是补充公共巴士在繁忙时间的不足及提供市场需要的服务。

(3)非专营巴士,俗称“村巴”,由不同的巴士公司提供,主要为缓解繁忙时间专营巴士和专线小巴服务的需求,是一种为特定乘客提供服务的客运方式,其功能定位为公共交通的补充和辅助,如社区巴士、校车、通勤车等。

(三)完善公共交通票制票价体系

香港建立了灵活的公共交通票价调整机制,各公交公司可以自行决定何时提交加价申请,政府也有权启动票价调节机制。政府调整票价考虑的因素主要包括:自上次调整票价以来企业经营成本和收益的变动,对企业未来成本、收益和回报的预测,巴士公司需要得到合理的回报率,市民的接受程度和负担能力,企业的服务质量等。香港运输署每季度通过公式计算票价调整可依据的幅度。票价调整依据的公式为:

可依据的票价调整幅度=0.5×运输行业工资指数变动+0.5×综合消费物价指数变动-0.5×生产力增幅(即公司的净利润)

若申请提价的香港巴士公司通过该公式算出的数值超过2%时,则巴士公司可提出加价申请。其中,运输业界工资与综合消费物价共同构成了影响票价的总成本,并且认为两者在总成本中各占50%的比例,因此,公式中前两个成本项的调节系数各取0.5。无论如何取系数,前两项的系数之和一定为1。无论是哪方提出调价,整个过程都需要几个月的时间。因为期间要经历票价调整幅度计算,各影响因素的测算,政府听取交通咨询委员会和立法会的意见,行政长官会同行政会议审议决定,政府向公众和立法会解释等过程。

不仅如此,如果巴士公司当年利润率高于固定资产平均净值回报率(9.8%)超过1%,政府会责成巴士公司必须在12个月内提供票价优惠;若超过不足1%,则由巴士公司决定在适当的时候降低日后加价幅度或提供票价优惠。这种既保证企业有合理回报,而又尽可能让利于民的票价调整机制,一方面保证了企业经营的积极性和可持续发展,另一方面保障了市民的利益,实现了政府、企业和社会多赢。

(四)注重交通智能化建设

为进一步提高交通管理水平,香港成立了交通管理及资讯中心,全面负责交通监察及管理、事故管理并提供交通资讯,同时在主要公路上安装了包括闭路电视、可变信息路牌、超速摄像机、意外或事故探测器等智能化交通管理设备。

2002 年香港运输署设立了"综合电子交通运输资讯平台",积极推广使用"智慧运输系统"、"运输资讯系统"等先进的电子手段管理交通。人们可以方便地从互联网上得知主要道路最新交通状况,例如道路封路以及闭路电视拍摄到的即时交通情况。在隧道口安装自动收费系统,实现不停车自动收费,大大提高了车辆行驶速度。

此外,在交通流集中的路口细化红绿灯设置,通过两组或多组信号灯实施分段控制交通流,提供最优信号时间分配,并通过加强交通信号系统的自动监视与及时排除故障,使车辆总的通行延误达到最小;推广区域道路安全系统,根据交通流状况实时远程控制红绿灯的等待时间。

(五)推行公共交通为导向的城市发展模式

香港是推行公共交通为导向的开发模式比较成功的城市,其土地的使用很大程度上集中在轨道交通站点周围。1992 年的分区人口统计结果分析显示,全香港约有 45% 的人口居住在距离地铁站 500 米的范围内。在九龙、新界以及香港岛区域,这一比例高达 65%,除少数散布在半山和山顶的高级别墅外,绝大多数位于非铁路沿线的住宅也围绕公共汽车站形成高密度组团。香港的城市布局有助于公共汽车线路拉长站距,提高车辆行驶速度,缩短居民向站点步行的距离。同时,由于客源充足,公共汽车公司也能够获取良好的经营效益,维持高质量的服务,进而形成良性循环。香港的就业用地布局也采用类似模式,在新界约有 78% 的就业岗位集中在 8 个位于地铁站附近的就业中心内,总用地面积仅占新界总面积的2.5%,商务中心更是高度集中在各类公共交通工具的大型枢纽处。其中,中环—金钟—铜锣湾地铁沿线的平均就业密度超过2000人/公顷。从20世纪80年代开始,公共交通一直承担着全香港80%以上的客运量,仅有大约6%的居民出行使用小汽车。可见,香港取得的成绩很大程度上归功于以公共交通为导向的土地开发模式。

第四章 新 加 坡

一、城市概况

新加坡是亚洲重要的金融和航运中心之一，位于马来半岛南端，自然环境优美，地理位置优越。新加坡土地面积约为 714.3 平方公里，人口约 531 万，2012 年，机动车保有量约 97 万辆，人口密度为 7257 人/平方公里。

二、城市交通发展沿革

新加坡的城市交通发展大致可分为三个阶段：

第一阶段：20 世纪 60 年代以前。20 世纪 30 年代，新加坡交通开始进入机动化时代，小汽车、公共汽车以及货车数量逐渐增加。1925 年，新加坡电车有限公司开始运营有轨电车，它是新加坡公共交通的起源。1937 年，新加坡成立交通状况委员会，研究道路交通并规范道路使用行为（包括停车管理以及交通违规监察等）。

第二阶段：20 世纪 60 至 90 年代。1968 年新加坡交通部成立。新加坡交通部在 20 世纪 70 年代和 80 年代出台了一系列政策，如加快交通基础设施建设、调控机动车数量、治理交通拥堵、优先发展公共交通。这一阶段，新加坡的道路长度由 1960 年的 800 公里增加到了 1990 年的将近 3000 公里。然而大规模的道路建设依然无法满足新加坡的机动车快速增长的需求，新加坡中心城区出现了严重的交通拥堵。新加坡逐步采取错峰上下班、鼓励合乘、拥堵区域收费、差别化停车管理以及交通设施改造等措施来缓解交通拥堵。1983 年新加坡开始建设地铁系统，1990 年地铁系统基础线网建设完工，包括东西向和南北向各一条线路，总长度为 67 公里，车站总数为 42 座，在中心城区设有两座换乘车站。

第三阶段：20 世纪 90 年代以后。新加坡国家发展部在 1991 年出台了

《概念规划修订》,旨在保障国内交通通道规划用地,建立一个为公众需求服务的多方式综合交通体系。新加坡在这一时期致力于发展综合交通运输体系,将12%的国土用于道路交通建设,并进一步扩展了城市轨道交通线网,推动公共交通基础设施和公共交通信息化建设的协调发展,并在新加坡交通部下成立了陆路交通管理局,将机动车注册部门、大众捷运公司、公共工程部下属的道路处及交通处进行整合。20世纪90年代,新加坡出台了机动车限购政策,并进一步推行区域限行政策,借助先进的信息化手段,实现自动收费。在公共交通发展方面,新加坡推出多样化服务,以满足出行者的不同需求,制定了公共交通的服务标准,规范了公共交通的票制票价,并且借助科技手段提高公共交通的可靠度。

三、城市交通拥堵治理措施

(一)推进交通规划与城市总体规划的良性互动

新加坡在规划层面上将交通规划与城市总体规划紧密结合起来,采取城市组团、网络连接的发展模式。新加坡传统的商业中心在南部,城市管理者在西部、北部、东部发展卫星城,也叫"组团"。每个"组团"基础设施完善,功能齐全,可以充分满足卫星城居民工作、娱乐、休闲、购物等的需要。中心区和各"组团"之间通过放射状大容量公共交通系统连接和支撑,确立了公共交通在引导城市发展中的重要地位,从而大大减轻了中心城区的交通压力。

(二)大力发展城市公共交通

1. 强化公共交通基础设施建设

新加坡高度重视轨道交通发展。截至2010年7月底,新加坡拥有地铁线路130公里、85个站点;轻轨线路29公里、43个站点,主要负责地铁站与主要居住区和商业区之间的交通流,每个轻轨车站到附近的公寓最大步行距离一般不超过400米。目前,新加坡的轨道交通网络密度为每百万人31公里,已达到香港轨道交通的水平。到2020年,新加坡轨道交通系统将增至278公里,网络密度将达到每百万人51公里。

从1974年开始,新加坡建设了112公里的公交专用道。公交专用道在每天的早晚高峰期各运行两个半小时,其余时间可允许社会车辆通行。但是在繁忙的商业街区,公交专用道全天都只允许公共汽电车使用。为方便交叉路口处的车辆转向,公交专用道在交叉路口附近设置了30~200米不同长度的黄色虚线,以方便社会车辆进入左边车道进行左转弯。新加坡设置公交专用道的标准是:每小时至少有50辆公共汽电车使用该道路,并且该道路上单向至少有3个车道。此外,在公交专用道上还设置了隔离或警示标志设施以减少转弯车辆和出租汽车上下客的影响,同时加强对路边停车的管理。公交专用道建成后,新加坡的公共汽电车平均行驶速度比之前提高了约15%。

2. 整合公交网络、改善交通换乘条件

为减少迂回路线并缩短候车时间,陆路交通管理局于2010年开展地面公交网络的优化工作,从出行者的角度优化公交线路,同时重视与轨道交通的衔接,从而提高整个城市交通系统的一体化水平。新加坡大力倡导无缝衔接的交通服务,力图将人们的工作、购物等各种活动用公交系统紧密地连接起来,把换乘距离控制在步行范围之内,从而充分体现出公共交通的便捷性。政府通过建设一体化交通枢纽、增加公交直通线路和车次、实施公交一票制和改善换乘条件等措施,有效促进了不同交通方式的兼容性和公共交通系统的一体化发展。

为满足乘客的需要,新加坡地铁车站一般设置在集购物、休闲、娱乐为一体的大型购物中心的地下,同时,成为公共汽电车和出租汽车的综合换乘点。此外,新加坡还建设了与大型公共交通枢纽相配套的停车换乘系统,该系统大多都建在地铁和轻轨附近,小汽车可以免费停放在换乘系统的车场内,出行者可换乘公共交通前往市中心。

3. 规范公共交通运营管理

新加坡的城市公交运营采取了高度市场化的运营管理模式,其交通管理体制结构如图4-1所示。全市的轨道交通和公共汽电车由巴士公司、公交公司两家公司运营,两家公司分别负责指定区域内的公共交通运营,每一个公司都负责规划并提供综合的公交服务来满足公交监管部门制定的服务标准。

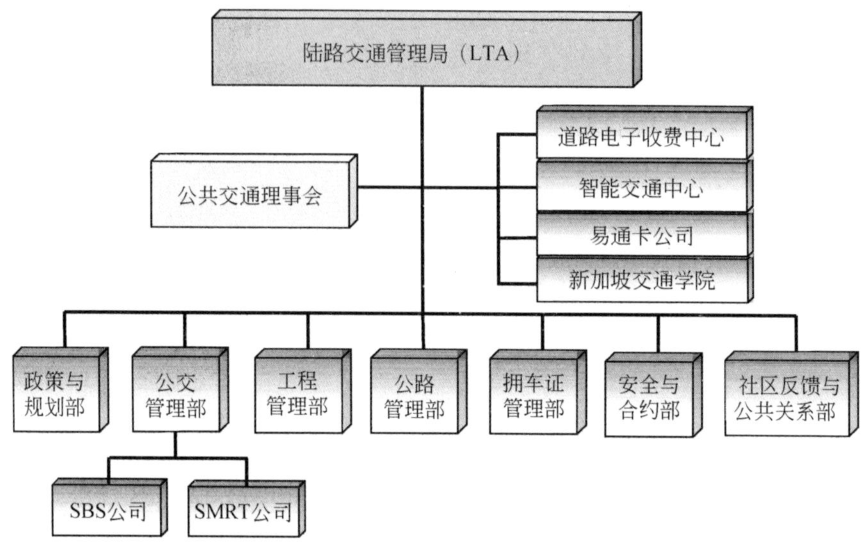

图 4-1 陆路交通管理局(LTA)组织机构

为有效监管公交运营,新加坡政府成立了公共交通许可证管理局(OSLA),来规范和调节公交的运营,同时该局还负责审批新线路,并制定公交服务标准。1971 年,政府成立了公交服务认证机构(BSLA)代替公共交通许可证管理局,票价的批准由政府交通部门直接管理,这种状况一直延续到 20 世纪 80 年代。1987 年,轨道交通的运营为改革公共交通监管机制提出了新的要求和良好机遇,新加坡建立了公共交通理事会(PTC),是作为一个独立的机构取代了公交服务认证机构,以保障公众的利益,确保有充足的公共交通服务和可负担的票价,同时也保证了公交公司财政生存能力的可持续性。公共交通理事会(PTC)的管理成员共有 15 个,由交通部长任命,他们分别来自社会各个阶层,广泛代表公众意见,使公共交通理事会的决策更容易被乘客接受。公共交通理事会的主要职责是批准新的公交线路,规范公交服务标准,改善现行公交服务,核准公共汽电车和轨道交通的票价。

公共交通理事会邀请公众通过网络、民意调查等途径直接反馈意见,由此评价各公交公司的服务质量。对不符合要求的公司,公共交通理事会有权进行处罚。根据乘客连续两年对某公交公司投诉比较集中的问题，如在高峰时段等待时间过长或车辆过度拥挤等，公共交通理事会将给予该公司一定的处罚。公共交通理事会的监管确保了新加坡公众可以享受一定水平的公交服务，以及可负担的合理票价，充分保障了公众的利益。同时，也确保了公交运营公司财政和经济的可持续发展能力。

(三)实施机动车配额系统

为将小汽车增长控制在合理范围内，新加坡政府从 1972 年起便通过了一系列措施来逐渐控制小汽车的保有量，包括征收小汽车附加税、养路费以及采用小汽车配额系统。

此外，自 20 世纪 80 年代以来，政府又引入了车辆配额系统，注册新车必须首先竞标拥车证。拥车证在网络上公开竞标，每月两次。每个拥车证对应 1 辆车，有效期为 10 年(出租汽车除外)，到期后车主可通过支付到期前 3 个月拥车证的平均价格，将有效期延续 5 年或 10 年。任何拥车证到期且无延期的车辆将注销且必须出口或销毁。拥车证价格取决于民众对新车的现有需求与拥车证的供给量。车辆注册局每月进行“拥车证”招标，价格依照市场供求关系的变化而上下浮动，其配额则在综合考虑上一年汽车的总数、每年的固定增加额度、报废汽车的数量等多种因素的基础上计算出来，并结合实际情况作出进一步的调整，以使车辆的平均增长速度不超过 3%。车主需按统一价格购买特定类型的拥车证，而非各自竞标价格，统一价格为拥车证限额内的最低竞标价格加 1 元新币。为抑制投机，所有成功竞标的拥车证均不可转让。实施车辆配额系统以来，车辆年均增长率由原来的 7% 降至 3%。为应对庞大的车辆数量以及未来道路建设规划的减少，从 2009 年起车辆年增长率进一步限定在 1.5% 之内。一系列政策措施的实施有效抑制了新加坡小汽车保有量的快速增长，也使新加坡成为亚洲国家中少数的人均收入较高但拥有小汽车家庭比例却低于 30% 的国家。

(四)实施道路拥堵收费

车辆配额系统是对车辆拥有的控制，而道路拥堵收费系统则是对车辆使用的控制。1975 年新加坡实施了区域通行证制度(Area License Scheme,简称 ALS),设置一个近 7.2 平方公里的控制区作为收费区域,在早高峰小时(7:30—9:30)除了公共车辆、高载客率(含驾驶员 3 人及以上)的小汽车外,进入收费区的车辆必须出示区域通行证。当时的通行证每天需要 3 新加坡元(一个月 60 新加坡元)。ALS 在相关政策措施的配合下效果非常明显,高峰小时交通量下降了 45%(其中 70% 以上的为单独驾车),平均车速从每小时 18 公里提升到每小时 35 公里。公交车通勤出行量增加了近一半,达到通勤出行总量的 46%,汽车合乘比例也显著提高。1994 年初,区域通行证制度进一步推广到全天内实施。

由于区域通行证制度的成功实施,20 世纪 90 年代一种与人工收费系统相似的道路收费系统(Road Pricing System,简称 RPS)被引入到 3 条主要高速公路的拥挤路段,并在工作日 7:30—21:30 时段内实行区域通行证管理系统。新加坡有 9 条高速公路,总长 141 公里。在执行时段内使用上述 3 条高速公路时,驾驶员必须出示特别道路收费通行证。高速公路的区域通行证和人工收费制度成功地控制了道路网的交通拥堵水平。

1998 年 9 月,新加坡政府开始采用电子道路收费系统(Electronic Road Pricing System,简称 ERP),该系统是通过射频识别技术(RFID)等信息技术在拥挤路段进行自动收费的智能交通系统。新加坡是世界上第一个在城区建立电子道路收费系统(ERP)的国家,目前 ERP 系统已经取代了 1975 年开始使用的区域通行证系统(ALS)和 90 年代初在 3 条主要高速公路上使用的道路收费系统(RPS)。

新加坡采用道路电子收费系统以来收到了良好的实施效果。由于进入城市中心区域要收取拥堵费,加之停车位比较紧张,许多新加坡人放弃了自驾车上班,改乘公共交通工具,进入中心区的车流量有所减少,在高峰时段进入城市中心区的车辆减少了将近 45%,总交通量降低了 10% 左右,车速提高了将近 30%,这让面积狭小的新加坡交通顺畅不少。同时,ERP 系统不仅能收费,还能收集、分析各条公路的车流数据,新加坡陆路交通局可定期根据这些数据来调整 ERP 的收费标准。

专栏4-1 新加坡道路电子收费系统(ERP)

新加坡于1998年9月开始使用道路电子收费系统,以实现对中心城区的交通量限制,缓解交通拥堵。

1. 收费时间和区域

车主不需要在所有时间都交费,除了7:30—10:00、12:00—20:00的高峰期,其他时间系统自动关闭。为引导车辆尽量不在高峰期进入市中心,ERP还可以根据不同时间段调整收费标准。每周周一至周六收费,时间随不同区域有所不同;周日和法定节假日不收费。收费时段内每经过一次都需要收取一次费用,收费的区域为新加坡7平方公里的城市中心区。

2. 收费标准

收费标准根据当天的不同时刻、区域、车辆的平均速度和车流量进行调整,是个浮动数据。收费费率随时间和区域不同在0~3新加坡元区间内变动。新加坡政府通过不断地对收费费率、控制原则、限制时段与罚款金额的调整,ERP系统已基本能够高效、有序地调整道路交通流量,保证限制区域道路的畅通。电子定价系统的基本原则是将车辆的平均行驶速度控制在合理的范围内:快速路的车速控制在45~65公里/小时,而主干道的车速为20~30公里/小时。在此基础上,根据不同车型、不同收费点、不同时间制定收费方案。

政府在出租汽车上安装GPS系统,每隔一刻钟测定一次车速,管理部门根据不同类型道路上的车速对收费标准进行调整,以调节该路段的交通量。在车流高峰期,收费标准最高,在非高峰时段收费会大幅度降低,在某些时段,甚至不予收费。

3. 收费车辆

除救护车、消防车及公共汽电车和公共车辆、高载客率(含驾驶员3人及以上)的小汽车外的其他车辆。

4. 收费方式

ERP系统由车载装置、限制区入口处检查设备、中央计算机系统三大部分组成，采用主动式收费原理，当汽车驶入限制区时，车载装置与入口处检查设备通过短程通信系统（DSRC）交换信号，费用即从储蓄卡上面扣除，车载装置上的液晶显示器能显示收费额及卡中的余额，如图4-2所示。新加坡在中心城区的各大通道设置了28个ERP闸门，如图4-3所示。新加坡注册的机动车都安装有车载终端设备，闸门的感应装置可基于短程无线电通信技术，识别车载终端，并与其通信完成收费。闸门在收费的同时还通过拍照设备对通过的机动车身份进行记录。

图4-2　车载装置

图4-3　ERP闸门

5. 支付方式

用户可以通过电话、网银、One. Motoring网站、邮局、AXS、vPost、ATM、SingTel Easi-ERP或者直接前往陆路交通管理局办公室进行道路拥堵收费的支付。

6. 监管措施

如通过拥堵收费闸门时未将储值卡妥善插入车载装置或者储值卡内余额不足，该车的注册车主会于几日内收到罚款单，补收当时产生的拥堵费以及收取10新加坡元的罚款。若通过网站、邮局自助缴费机、ATM机、电话以及网银等方式支付，可优惠至8新加坡元，如果是SingTel手机用户，在违法之前开通Easi-ERP服务，则可享受使用该服务支付4新加坡元罚款的优惠。

7. 实施效果

在1999年实施收费的第一年,高峰时间内进入限制区域的小汽车数量减少了15%。ERP实施以后,道路收费系统获得了更大的灵活性,体现了污染者和使用者付费的原则,更为公平;其次,ERP更方便,能够即时确定并扣除费用;另外,使用自动电子控制设备,消除了人工误差和人为因素的干扰,使得车辆付费更为可靠。

(五)实施共享汽车系统

新加坡为了解决城市交通拥堵问题,采取控制机动车保有量和控制小汽车使用率、优先发展公共交通、实施道路交通拥挤收费等策略。在这些措施下,小汽车拥有成本迅速提高,部分人群放弃小汽车拥有权,改乘其他交通方式出行。但是无论公共交通如何高效率,总会有部分人在某个情况下需要类似于私人小汽车的便利性交通服务,尤其是对于需要小汽车出行次数较少,有能力支付或基本能支付小汽车拥有费用的人群来说,是否要拥有私人小汽车变得矛盾。新加坡1997年推出了共享汽车系统,使得部分人群放弃了汽车拥有权或者放弃了购买汽车的想法,提高了不能支付汽车拥有费用的人群获得小汽车便利出行的机会。

共享汽车是一种新型的交通服务模式,是发达国家近些年兴起的一种以绿色环保出行为目的、基于需求用车的小汽车出行服务模式。通常汽车共享组织优先使用环保型小汽车以达到更加节能环保的目的,成员根据使用需求预定车辆并按照实际使用量支付费用。

目前,新加坡的汽车共享系统深得民众的欢迎。在新加坡的调查显示,一辆共享汽车可以代替4~5辆私人小汽车。在新加坡共享汽车系统主要服务于每月有2~3次汽车出行需求的人群。目前共享汽车出行占出行总量的1%左右,虽然这个比例较小,但是这对提升整个交通系统的运行效率效果显著,同时共享汽车减少了机动车的使用,有助于人们选择公共交通或慢行交通出行。

第五章 韩国首尔

一、城市概况

首尔是韩国的首都,是世界主要的金融中心和经济中心之一,位于韩国西北部。首尔土地面积605平方公里,人口约1040万,机动车保有量约300万辆,人口密度为17190人/平方公里。

二、城市交通发展沿革

1945年之前,首尔市内最广泛的交通工具是有轨电车,全市一半以上的人口都使用有轨电车出行。1968年取消有轨电车之后,公共汽车成为首尔最主要的公共交通工具。1974年首尔建成第一条地铁线路,地铁成为除公共汽车以外的主要公共交通工具。

1988年,成功举办奥运会后,首尔经济快速发展、人口数量迅速增加,机动车保有量也随之大幅度增加。到1988年年底,首尔机动车数量已经增加至21万辆。从1980年到1996年间,城市道路面积增长了1.4倍,城市中心区的道路面积占中心区总面积的比例由1987年的17%增长至1996年的20%。到1996年,首尔的机动车中,75%的为小汽车,小汽车保有量达到韩国机动车保有量的22%。

伴随着20世纪末首尔卫星城镇的建设,市区与郊区间的交流逐步频繁,到21世纪初期,首尔从市中心到郊区的总出行人数比1970年增长了5倍。这一时期的机动车数量也迅速增加,到2008年,首尔机动车保有量高达295万辆,其中私人小汽车占92%。为满足居民的出行需求,缓解城市道路交通压力,首尔市大力发展城市轨道交通,到2008年共开通了8条线路,线路总长287公里,到2011年首尔市地铁总里程已达到310多公里,日运送乘客近630万人次,轨道交通成为首尔市居民出行的主要交通方式,轨道出行比例约为35%。

三、城市交通拥堵治理措施

(一)改善公共汽电车服务

1. 优化公交线网结构

2004年,首尔市推行公共交通改革时,对全市所有公交线路重新进行了规划设计和编码。该编码体系以首尔市及外围区域划分编码为基础,把公交线路划分为干线、支线、市郊快线和市内环线四种,并分别配以蓝、绿、红、黄四色公共汽电车运营(如图5-1所示),来承担不同的运输功能。具体分工是:蓝车负责干线运输,行驶在主干道、公交专用道上的市区跨区域线路上,连接首尔市内各区域中心;绿车负责支线运输,向干线和地铁站运送乘客;红车负责市郊快线运输,连接首尔市与各卫星城;黄车负责市内环线运输,在市区内环线上运载乘客。乘客根据车身颜色和车身上标记的鲜明的英文字母B、G、R、Y(4种颜色的英文首字母)就可以识别、确认自己的乘车线路和车辆。干线、支线、市郊快线和市内环线运输功能分工明确,既满足了远近郊居民的出行需求,又充分考虑到了市内上下班、换乘的方便。

a) 干线车　b) 支线车

c) 市郊快线车　d) 市内环线车

图5-1　首尔四种颜色的公共汽电车

2. 设置公交专用道

在实施公共交通改革前,首尔市的公交专用道设在道路右侧。在交通拥堵的情况下，尤其是路口右转的车辆会对行驶在右侧公交专用道上的公共汽电车产生一定的干扰。为提高公共汽电车通行效率，首尔市政府决定开辟中央公交专用车道，主要是在连接市内外的干线道路中央划出专供公交车行驶的线路。至2006年，首尔共建成6条中央公交专用车道，总长58公里；到2008年，扩展为16条线，总长191.2公里。设立公交专用道赋予了公交车优先通行权，公交车的行驶速度有了显著提高。同时，首尔市实施了严格的公交专用道管理制度，路侧专用道高峰时段供支线公共汽电车使用，中央式专用道全天专供中心城区与郊区的市郊快线和与卫星城之间的快线运营，这有效提高了公共汽电车的行驶速度，增强了公共交通的可靠性。为确保专用道制度的实施，首尔市制定了相应法律规定并严格执行，在所有的专用道上安装了电子监视系统，并对违法行驶的车辆加以严厉处罚。

3. 建设公交智能支付系统

2004年公共交通改革后，为方便乘客换乘、提高公共交通吸引力，首尔市统一了轨道交通和公共汽电车的费率，推行了一种新的多功能智能卡T-money。使用T-Money卡支付交通费用的时候比使用现金优惠100韩元，并根据市内公交线路长度大多数不超过10公里的现状，实行基础票价和等级票价相结合的票制，单一票价为900韩元可乘坐10公里；在总乘车距离10公里内，可免费换乘5次，每次换乘间隔有效时间不超过半小时。超过10公里的，每5公里增加100韩元。

T-money卡还有小于400韩元的小额支付功能，在公共服务如停车收费、拥堵收费、娱乐购物、便利店消费、自动售货机等很多领域都可使用T-money卡付费。在不少商家使用T-money卡付费时，还能享受一定的折扣优惠。智能卡不仅方便了换乘，也有利于公共交通企业计算收入，还可以利用智能卡数据对公共汽电车班次的安排进行科学的管理。

4. 提高公交信息化水平

为提高公共交通服务水平、增强公共交通吸引力，首尔市政府整合各种交通信息，建立了政府交通综合管理系统。该系统由市交通部门负责建设与运营，包括地面公交管理系统（BMS）和信息服务系统（BIS）。BMS通过卫星系统收集公交运营数据包括单车速度、所处位置和道路交通流等实时信息,支持精准的公交运营服务,以实现准点运行。BIS 主要发布公交实时运营信息,包括线路名称和走向、车辆到站时间预报等,以供市民选择最合适的交通出行方式。同时信息发布渠道具有多样化的特点,除了在公交站台发布外,通过手机、上网等方式,也能查询相关信息。

首尔市政府还在市内多达 6300 个公交车站牌中设置了二维码服务。出行者持智能手机就可利用二维码轻松读取并储存该车站的公交车路线、抵达时间、首末车发车时间等实时信息,并提供各个公交车路线的市区游览及旅游生活信息等。将这些二维码储存在智能手机内,使用者可以不限时、不限次数地浏览所需信息,免去重复查询的麻烦,达到随选随用的效果。为了推动首尔向国际观光旅游城市发展,首尔的公交车站牌二维码除提供韩文服务外,同时也提供英、日、中(繁体和简体)等外语导游服务,为外国游客提供便利。

(二)推行公共交通经营改革

在公共交通改革之前,首尔的公共汽电车由多家私营公司运营。市政府对公共汽电车线路、运营班次等其他方面都缺乏有效的管理手段,只有票制票价由市政府决定,同时市政府还要负担日益增长的公交补贴支出。各公交公司运营不同的线路,在各线路之间没有竞争。由于各公司之间缺乏相互协调,公共汽电车线路大多迂回曲折、相互重叠,也没有与地铁系统良好接驳。各公司为了盈利不惜牺牲舒适性和安全性来降低运营成本,不仅车辆老旧、超载行驶,而且驾驶员也经常违规驾驶。

为了规范公共交通的服务,首尔市政府从 2004 年起,将优先发展公共交通系统作为战略方向,通过一系列的措施来落实公交优先的发展战略。具体的措施包括:

(1)建立全新的公共汽电车管理体系;

(2)建设快速公交系统;

(3)创立新型的公共汽电车收费系统;

(4)提高运营系统的技术含量;

(5)调整公共汽电车线路和建立换乘枢纽;

(6)实施可持续发展的城市交通战略。

首尔市政府成立了专门机构对公共汽电车系统运营加以规范。该机构由公共汽电车系统的相关利益单位组成,包括交通部门、城建部门、运营公司、行业协会、交通专家、律师、审计师、市民与市民团体。该机构针对公交的线路、收费、运营系统等各个方面进行讨论,作出相应决策,并统一监督和管理公交服务,大大提高了公共汽电车的运行效率和服务水平。政府部门通过该管理监督机构来控制公共汽电车线路的分配权、确定公共汽电车班次以及改革收费方式,从而规范服务行为、提高准点率、改善乘车条件以及整合乘车线路。首尔市政府还通过政府的财政补贴加以调节,收回了运营公司制定路线和班次的权利,获得了积极的成效。

新的公共汽电车系统在2004年7月1日开始投入运营后,实行了免费换乘,因此公共汽电车和地铁的客流都有所增加,同时公共汽电车事故下降了约27%。

(三)实施交通需求管理

1. 实行道路拥堵收费

1996年11月,首尔市以《城市交通整备促进法》为依据制定并实施了"首尔市道路拥堵收费实施条例",旨在降低私人小汽车在城市交通拥堵地区的使用率,并为改善公共交通筹集必要的财政资金。拥堵收费地区是首尔市中心地区的主干道即"南山一号隧道"和"南山三号隧道",收费对象为进入该地区的车辆,费率为每次征收2000韩币(约合12元人民币),缴纳时间为周一至周五的7:00—21:00。但公共汽电车、出租汽车、货车、乘坐3人以上的车辆、残疾人车辆、公务车辆(外交官、军人、急救车等)和小排量车(1升以下)等无须缴纳拥堵费。同时,对于参与自愿停驶制度的车辆可享受拥堵费减免50%的优惠政策。

2. 建立自愿停驶制度

2002年韩日世界杯足球赛期间,首尔市实施了强制性的"尾号限行制度"。为大力发展公共交通,首尔以此为契机,鼓励市民自愿每周少开一天车,市民自行决定周一至周五中的任一日停驶,放弃驾驶私人小汽车而改用其他交通工具出行。“自愿停驶制度”于2003年7月正式启动,实施对象为乘坐人数未满10人的非营业性车辆,凡是在首尔市注册的车辆都能获得由首尔市交通厅颁发的“自愿停驶电子标签”而参与该行动。自愿执行每周少开一天车的车辆可享受减免5%的汽车购置税、减免50%的交通拥堵费、优先获得停车位等优惠政策。当参与该行动的车辆在一年之内未遵守停驶规定的次数达3次以上时,将被取消享受各种优惠政策的资格。

3. 加强停车管理

停车限制或差别化停车收费政策是交通需求管理的重要手段。首尔市政府实施了不同地区适用有差别的停车场配建标准的方案,对交通密集的城市中心区和副中心区及城市外围地区采取有差别的停车限制政策。在城市中心区和副中心区,为抑制该地区的停车需求,实施停车需求抑制政策;在城市外围地区,实施维持现行水平或放宽停车场建设标准的方案,鼓励建设公用停车场。同时,首尔市还加强停车管理,不同地区实施差别化停车费用,同时将原有的免费停车场变为收费停车场,以提高小汽车出行成本,引导人们合理使用小汽车。

首尔通过采取改善公共汽电车服务、进行公共汽电车改革、实施交通需求管理等综合措施,有效缓解了交通拥堵状况。公共交通服务质量大幅提高,市民倾向于选择公共交通出行,小汽车的过度使用得到抑制。

根据2007年的《首尔统计年报》,2003年至2005年首尔市的公共交通(公共汽电车、地铁)出行分担率有所上升,而小汽车出行比例有所下降。2005年全市出行中,地铁占34.8%,公共汽电车占27.5%,出租汽车占6.5%,而小汽车占26.3%,其他交通方式占4.9%。

(四)加快智能交通系统建设

1. 建设智能信号控制系统

首尔全市共有3400个有信号控制的路口,全部实现了系统自动控制,并可实现干线协调控制和区域协调控制,可实现对全部灯控路口的自动优化配时调整,同时对全市快速公交道和公交专用道上运行的公共汽电车给予优先信号控制,保证公共汽电车优先通行。此外,首尔警察厅交通指导局有20余名信号控制工程师,分区域监控、管理全市的交通信号灯。他们的主要工作是:一方面通过交通仿真软件及时优化调整信号配时,确保信号配时方案最优,并提出路口改进工作建议,最大限度提高路网通行能力;另一方面,实时监控全部信号灯的运行情况,及时排除设备故障。

2. 完善交通信息监测系统

首尔市交通主管部门高度重视非现场交通执法工作,在综合利用车载执法设备、远郊卡口系统、违法停车监控设备等方面的工作力度较大。

(1)车载执法设备。目前,首尔市正在建设警车和公共汽电车车载检测设备,用于监测违法使用公交专用道以及违法路侧停车的车辆。通过在公共汽电车的前风窗玻璃处安装高清摄像头,在公共汽电车行驶的过程中对在公交专用道内行驶的小汽车进行号牌识别,并将记录的违法行为照片通过CDMA无线通信方式上传至交通中心,作为执法证据。

(2)远郊卡口系统。在进入首尔市主要干道的检查站均建有卡口监测点,首尔市周边共有150个监测点,每个监测点均覆盖全部车道。警察署通常在监测点附近1~2公里处设有检查站,当违法车辆通过监测点时,设备自动感应并触发附近警察站报警灯报警,以便警察拦截、查处违法车辆。

(3)违法停车监测。首尔市的交通运行和信息中心设有监管违法停车的专业队伍,负责利用电视监控设备重点监控全市违法停车行为,并对违法停车较为严重的地区实行网格化管理。中心设有专门的违法停车监管席位,一旦发现有人路侧停车超过5分钟即记录车辆号牌,并截取3张照片作为执法证据,直接打印罚单后向车主寄送。图5-2为首尔市的违法停车监控系统界面。

图5-2　首尔市的违法停车系统监控界面

此外，首尔市的部分公共汽电车或机场巴士的前、后、左、右位置上也安装了标清摄像机，在车辆行驶过程中全程记录周边和车内情况，用于监督驾驶员的服务质量，并在车辆发生交通事故时调取历史图像作为分清事故责任的证据，但此类图像并不用于违规使用公交专用道的执法依据。

第六章　日 本 东 京

一、城市概况

东京是日本的首都和日本的政治、文化、经济中心，也是国际金融中心之一，位于日本本州岛东部。东京拥有全球最复杂、最密集、运输量最高的轨道运输系统和通勤车站群，是日本最大的交通枢纽城市。东京都土地面积为2187平方公里，人口约1323万，机动车约450万辆。

二、城市交通发展沿革

20世纪初，东京采用主城与卫星城相结合的空间布局规划。1927年制定的《大东京城市干线道路规划》，对东京外围地带采用放射与环状相结合的道路网结构。1945年以后，在东京40公里的范围内，建设了人口10万左右的卫星城，以分散城市的人口和工业；在都市圈40公里以外建设了人口20万左右的外核城市。卫星城、外核城市群体共容纳400万人口。

从1955年开始，由于机动车的急剧增加，东京的城市道路出现明显的交通拥堵。为了缓解城市中心地区的交通拥堵，东京建设委员会提出建设高速公路的建议，高速公路取代了干线道路成为城市骨架的重要构成部分。1965年至1976年期间，东京主要建设以放射性为主的道路，1977年以后，开始加强中央环状线、东京外环高速公路的建设。

然而，东京居民的通勤出行更大程度上依赖于轨道交通系统。东京第一条地铁建于1927年，当时的地铁主要是为了运送外国观光游客。1960年以后，伴随着日本经济的发展，东京地铁也呈现出快速发展的趋势。东京地铁线网由东南海滨的城市中心向北、向西扇形发展，呈放射式布局，并与市郊铁路衔接。

进入21世纪，东京道路又经常发生拥堵。为治理交通拥堵，东京市政府采取了进一步发展公共交通、鼓励公共交通出行以及加强停车管理等多种措施，并于2003年启动了《21世纪东京通畅工程》，以解决交通拥堵问题。该计划包括了改善道路设施、充分利用停车场、清除违规停车、加强缓解交通拥堵宣传以及实施效果评估等内容。

1955年至2004年期间，东京地铁总长度增加了12倍，客运量增加了约17倍，成为世界上客流量最大的轨道交通网络之一。东京市内轨道交通网的覆盖面非常广，每平方公里的地铁站数量约为1.66个，居民到最近车站的平均步行时间仅为10分钟。因此，尽管东京人均拥有小汽车数量很高，但通勤人群中只有9%的人使用小汽车出行。东京的公共交通系统除了地铁，还包括城郊铁路、公共汽电车等。2012年，东京平均每天客运总量中的60%由市郊铁路承担。东京市内交通客运量构成中，城市快速有轨电车分担的比重最大，达49%，这种格局在世界其他发达城市中很少见；其次为地铁和轻轨交通，其承担的客运量占总客运量的30%。

三、城市交通拥堵治理措施

（一）大力发展轨道交通

东京的城市轨道交通包括市营地铁、东日本铁路、私营铁路三部分。其中市营地铁304公里、东日本铁路887公里、私营铁路1126公里。目前，东京的公共交通系统每天可运送乘客4315万人，其中城市轨道交通运送人数为3658万人，占84.8%。早高峰前往市中心区的人群中，有91%乘坐轨道交通系统，而仅有6%使用小汽车。图6-1所示为东京地铁路线图。

东京轨道交通的运营效率高，发车间隔短，在高峰时刻，平均每2.5分钟发一班。轨道交通与小汽车和出租汽车相比具有很高的价格优势，即乘地铁的基本票价为160日元，乘轻轨电车的基本票价是150日元，而出租汽车的起步价为660日元。在东京市区中心停车，一般15分钟需缴费200日元。因此东京市民很少选用出租汽车或小汽车出行，普遍选用公共交通出行。

高度的竞争性、有效的管理、与小汽车相比的便捷性和低成本、巨大的客流量是轨道交通在东京盈利的重要因素。例如，从东京到成田国际机场，有东日本铁路公司的电车和成田特快，也有私营铁路的京成线和空中快车。

管理与投资相分离是提高公共交通运营效率的一个有效手段。东京的地铁由中央政府和东京市政府投资修建，由自负盈亏的股份制公司来负责运营管理。东京的城市轨道交通运营企业除了努力提供优质的运输服务以外，还参与其他的商业活动。例如，参与轨道交通站点与公共汽电车衔接服务、提供出租汽车服务以及线网周边的土地开发（包括零售、餐饮、娱乐等设施）。很多私营轨道交通企业还通过与其他商业公司互相持股，组成商业集团，来实现共同盈利。

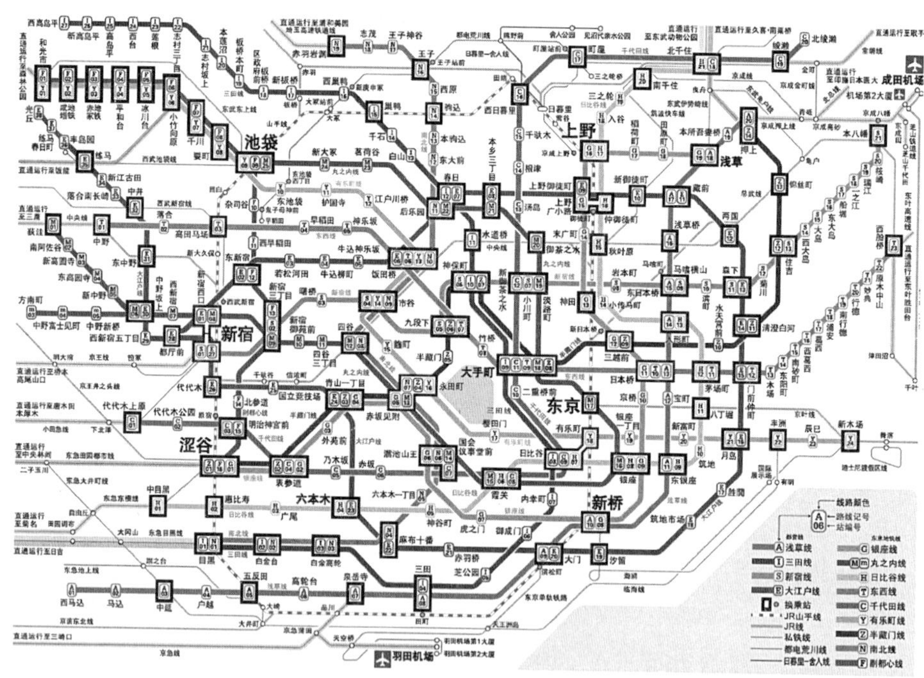

图 6-1　东京地铁路线图

通过多种经营，城市轨道交通运营企业能够获得更高的客流量，并使各区域高峰时段和非高峰时段的客流量保持平衡，为乘客提供优质服务的同时，也提高了运营效率。

（二）加强交通信息服务

东京的智能交通信息系统随时监控道路情况和采集信息，通过交通控制中心向路面可变信息板发布交通信息，车辆信息通信系统向车载电子地图发布交通信息，进而实现道路资源的有效利用，缓解交通拥堵，体现“以人为本”。

1. 交通控制中心

交通控制中心的主要职责是收集、处理、发布道路交通信息，进行交通信号控制、交通信息交流等。日本东京警视厅交通控制中心于1991年建成，建设费用约为1500多亿日元，每年维护经费82亿日元。交通控制大厅面积240平方米，主要由投影电视墙、21台电视监控器、工作台（无线电台、指挥台）、交通广播电台等组成。

该中心的交通信息主要来源是：16400个超声波、雷达或红外线检测器，295处交通电视摄像机以及公众报警电话，交通巡逻车和直升机。收集的信息由控制中心的133台计算机组成的处理系统自动进行后台处理，根据道路交通流量的状态，对东京市14447个交通信号中的7247个进行预定的方案控制，并将交通流量、车辆行驶速度、路段的拥堵程度、道路行驶时间、交通事故、道路施工等信息都显示在控制中心的中央显示板上。同时，这些交通信息通过不同的方式向社会进行发布，如通过遍布在全市985个道路交叉口的可变信息板实时发布当前道路的情况；通过7个广播电台和160个路侧广播每天进行平均150次的路况广播；通过手机向用户提供实时的交通信息，包括高速公路和一般道路的拥堵、交通事故、车辆通行限制、交通管制时间等情况。

2. 道路交通信息通信系统（VICS）

道路交通信息通信系统（VICS）是全国性的交通信息系统，由日本警察厅、总务省、建设省和运输省（两省现已改为国土交通省）等同民间部门合作共同推动开发而成，由道路交通信息通信系统中心（VICS中心）负责运营。VICS中心的运行机制是由交通管理者和道路管理者提供交通信息，经集中后到道路交通信息通信系统中心，然后再将这些信息传送给驾驶员和车载装置。

该系统以提高道路交通的安全性和通畅性、改善道路环境为目的，被认为是世界上最成功的道路交通信息通信系统。经过近年来的不断发展和完善，道路交通信息通信系统已经可以进行日本全国范围的多种出行信息的实时发布和服务,包括实时路况和行程时间预测、停车场信息、交通事件和天气状况的发布,在改善交通安全、缓解交通拥堵方面发挥了重要作用。

VICS 中心收集信息的来源是日本道路情报信息中心,还有日本的都、道、府、县警察部门和高速公路管理部门。警察部门提供的主要是交通管制信息、停车场信息等;道路管理者提供的主要是来自高速公路运营管理者的信息,如首都高速公路公司负责运营管理的东京地区高速公路的交通信息等。

VICS 中心将收集到的交通信息通过计算机系统自动处理后,根据当时的交通量、车速、路段的拥堵程度等,制定出交通信号控制方案,把交通状况调整到最佳以减轻拥堵。处理后的交通信息大致分为交通事故、故障车辆、道路施工、气象信息、路面状况、交通管制、停车场信息、交通量等数十项内容。

道路交通信息在 VICS 中心编辑处理后,通过安装在全国道路上的信标或 FM 多路广播设备传送至每一辆车上的导航设备。其中电波信标用于高速公路,可以为驾驶员提供 200 公里范围内的道路信息;光信标主要用于交通主干道,可以覆盖前方 30 公里的范围;调频多路广播以某个特定区域为对象进行大范围的服务。图 6-2 所示为 VICS 信息服务提供方式和接收场所示意图。

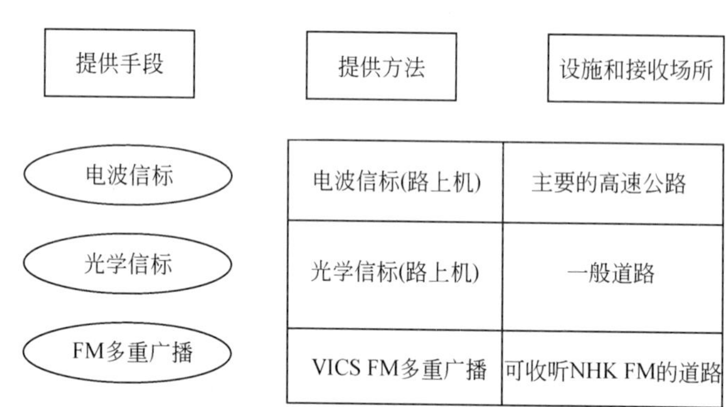

图 6-2　VICS 信息服务提供方式和接收场所

VICS 将经过编辑处理的交通状况信息与卫星定位和电子地图等有机地融合,以地图、简易图形、文字三种形式呈现给驾驶员参考使用。而驾驶员能接受到何种等级信息，则视驾驶员所装设的车载导航设备的功能而定。

日本的 VICS 中心成立于 1995 年 6 月，1996 年 4 月便开始提供交通信息服务。截至 2009 年 4 月，已能向近 29 万条路段提供交通信息，总长度约 17 万公里，约占高速公路、国道、县道和其他基本道路总里程（约 38 万公里）的 45%。2010 年，VICS 开始提供全方位的气象预警信息。

通过使用 VICS 可以避免交通拥堵，旅行时间最大可缩短 20%，燃料消耗最大可降低 10%。通过调查发现，大部分人认为 VICS 在改善心理舒适程度、了解道路情况、查询路线、路线选择和避免拥堵等方面作用比较明显。图 6-3 所示为 VICS 实施效果示意图。

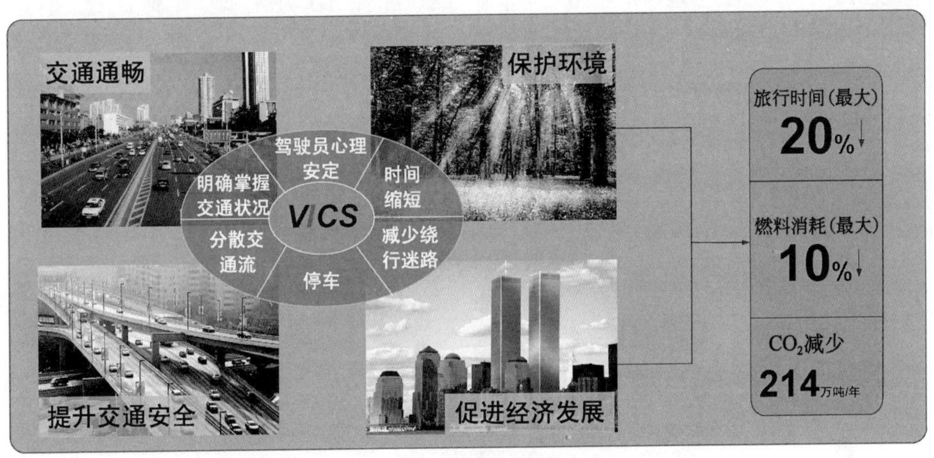

图 6-3　VICS 实施效果示意图

（三）完善道路交通网络

东京完善的立体化道路交通体系，为缓解交通拥堵问题提供了硬件支持。东京的道路交通体系主要由 3 条环形高速公路、10 条国道和数百条普通公路，以及 1222 座总长 72 公里的桥梁、112 个总长 37 公里的隧道、735 座总长 42 公里的步行天桥等构成，总里程达 2.4 万多公里。

立体化道路交通网络为道路使用者提供了多种选择。路况良好时可选择地面道路交通，而当地面交通拥堵时，可以选择收费的高速公路。多种出行选择使东京的城市交通可以灵活分配和疏导车流，避免了严重拥堵。

专栏6-1　东京的首都高速公路

1. 建设管理

20世纪中叶，东京的人口迅速增加，市区扩大、机动车数量激增，到1955年，城市中心以及郊区的道路先后达到饱和状态。为扩大道路网建设，1957年确立了在东京建设高速公路的基本方针，1959年通过了《首都高速道路公团法》，同年成立首都高速道路公团。该公团负责东京地区高速公路和汽车专用路的新建、改造、维护、修补及其他相关的综合管理，并征收通行费。2005年10月1日，首都高速道路公团民营化，改制为首都高速道路株式会社。

2. 使用情况

在东京的高速公路网内，首都高速公路(其网络图见图6-4)总长

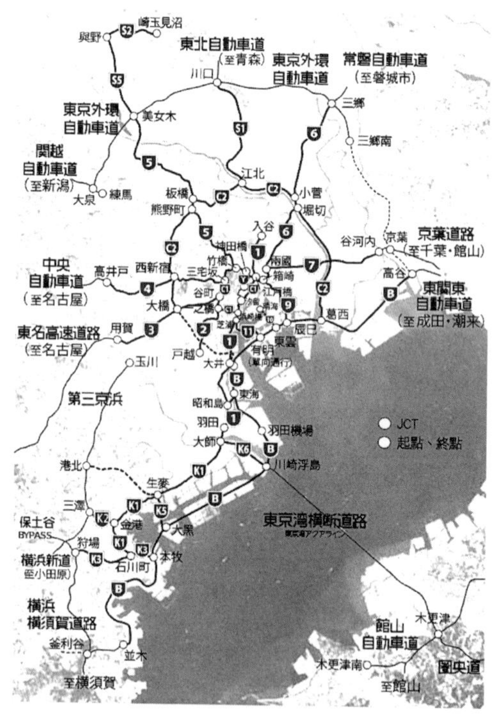

图6-4　东京首都高速公路网络图

约为230公里,每天承担约112万辆车的交通量,其放射线构成6个主要对外联络方向,其中承担最大交通量的东名高速公路,靠近东京断面日交通流量达到13万辆。东北高速公路在东京附近的断面日交通流量也达到9万辆。如以7号环状线分区,则每天约有33万辆车进入城市中心区域。

3. 收费措施

首都高速公路于2012年1月1日0时起,开始实行了里程数计费制度。资费标准为:安装有里程表的普通车辆6公里以内500日元,之后每6公里收费100日元,上限为900日元;未安装里程表的普通车辆则一次性收费900日元。此前在节假日与夜间,安装里程表的车辆可享受8折优惠,但新制度取消了这一措施。

(四)推进综合交通枢纽建设

东京重视综合交通枢纽的建设,通过合理用地和交通组织,高效地将轨道交通、地面交通、汽车停车、自行车停车和商店组织在一起,建立了内外畅达、上下贯通、集约高效的综合交通枢纽。综合交通枢纽以轨道交通为中心,出站客流中近90%通过步行疏散,乘客可通过步行的方式到达单位、学校、商场等目的地,且约90%的步行所需时间在10分钟内。围绕城市综合交通枢纽,东京在城市规划布局和土地利用层面进行了调整,从源头解决了城市交通问题。在综合交通枢纽周边进行高强度的土地开发,融合商业、办公、休闲娱乐等多种功能,满足多样化出行需求。目前东京站、新宿站等综合交通枢纽周边已成为东京最具活力和最具商业价值的地区。东京建立了较为完善的多层次公共交通系统,以城市轨道交通系统为骨干,辅以综合交通枢纽的建设和用地规划,打造了便利、高效的城市交通。

第七章　俄罗斯莫斯科

一、城市概况

莫斯科是俄罗斯的首都和经济、文化、金融、交通中心，地处俄罗斯欧洲部分的中部，跨莫斯科河及支流亚乌扎河两岸。莫斯科土地面积 1081 平方公里，包括 10 个行政区，128 个分区。2012 年莫斯科人口约 1460 万，机动车保有量约 400 万辆，人口密度达 13500 人/平方公里。

二、城市交通发展沿革

莫斯科交通发达，是俄罗斯铁路、公路、水运和航空的枢纽，电气化铁路和公路通向四面八方。莫斯科城市交通的发展经历了以公共汽电车和小汽车为导向的道路网大规模建设阶段和以地铁为主导的轨道交通网络建设阶段。

1813 年，莫斯科成立城市建设委员会，开始大规模城市改建，围绕克里姆林宫周边 4～5 公里范围建成了莫斯科的第一条环路——林荫环路。这条环路将克里姆林宫周边的街区有机联系起来，形成了最初的城市环形放射规划结构。

19 世纪中后期，距林荫环路 3～4 公里，莫斯科建成了第二条环路——花园环路，在林荫环路与花园环路之间建成了当时典型的工厂、火车站等现代建筑。

从 20 世纪初开始，由于人口的快速增长和机动车的急剧增加，城市道路出现明显的交通拥堵。为了缓解城市中心地区的交通拥堵，莫斯科政府着手制定地铁规划方案，并于 1932 年通过了莫斯科地铁第一个长期规划，地铁网络逐步取代城市道路成为城市交通系统的核心组成部分。

1935 年，莫斯科开通了第一条地铁线路。20 世纪 50 年代，地铁环线全线开通，标志着莫斯科地铁线路格局的基本形成。20 世纪 60 年代到 90 年代的地铁建设基本上都是在地铁环线格局的基础上，铺设新的地铁直线或延长已有的地铁直线到城市更外围地区。

1995 年，连接莫斯科东南地区和北部地区的 Lyublinskaya 线全部开通。

2002 年，Serpukhovsko-timiryazevskaya 线延伸至 Bulvar Dm. Donskovo，至此，莫斯科的地铁系统已经把所有外环公路以内的居住区、工业区、商业区和市中心紧密联系起来。

截至 2012 年，莫斯科已形成放射型环状轨道交通网络，全长 277.9 公里，拥有 12 条线路以及 171 个车站，日客流量达 800 ~ 900 万人次。莫斯科轨道交通网络图如图 7-1 所示。

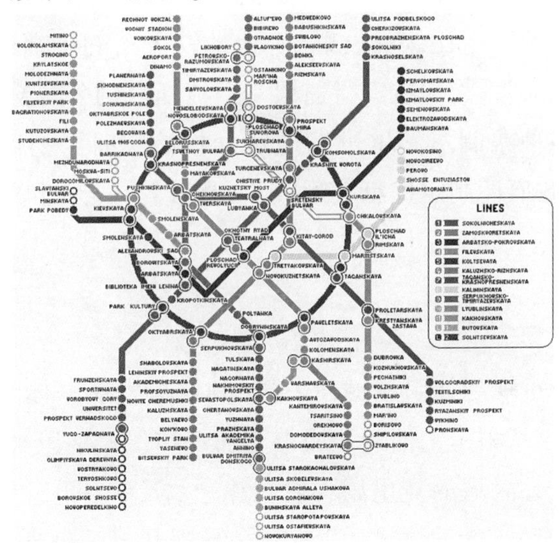

图 7-1　莫斯科轨道交通网络布局图

三、城市交通拥堵治理措施

(一) 优先发展公共交通

莫斯科非常重视发展城市公共交通，将其作为缓解城市交通拥堵的重要手段。莫斯科拥有全俄罗斯规模最大的城市公共交通系统，包括地铁、高速铁路、公共汽电车等多种方式，发达的公共交通系统在一定程度上缓解了莫斯科的交通压力，并带来了显著的经济和环境收益。

莫斯科将城市公共交通作为整体系统来考虑,其中地铁在公共交通中占主导地位,公共汽电车起辅助作用。与地铁长距离平行运行的公共汽电车线路比较少,大部分公共汽电车承担短距离运输。截至2012年底,地铁客运量占莫斯科公共交通客运总量的56%,日均出行量达800~900万人次,工作日运送乘客最高达1000万人次,客运量位居世界前列。莫斯科每个地铁站台都有自己的特色,站内环境优美。莫斯科市开辟了公共汽电车线路600多条,总长为6000多公里,车辆5000余辆,公共汽电车运行覆盖范围1000多平方公里,每天约有12万个班次。

莫斯科政府将公共交通定位为公益性行业,在确定票价时始终追求地铁运输的社会效益,采取低票价政策,鼓励、引导市民乘坐地铁出行,同时政府对地铁公司给予一定比例的补贴,确保地铁公司的正常运营。莫斯科公共汽电车采用无人售票,地铁实行通票制。莫斯科的公共交通车票分单次、10次、20次等多种票制。学生可以通过学校购买月票,且没有次数限制。此外,莫斯科市政府还制定优惠政策,领取退休金的老人和"二战"老兵可免费乘坐公共交通。

(二)规划引领城市发展

莫斯科充分重视规划引领城市发展,其城市发展总体规划从优化城市功能布局的角度,从根本上治理了城市交通拥堵。长期以来,莫斯科市政道路规划以位于核心区域的克里姆林宫为中心,所有主干道呈辐射状向城市各个方向延伸,但最终都指向单一的市中心,因此上下班高峰容易出现严重的交通拥堵。自2012年7月1日起,莫斯科市正式扩容,新增14.8万公顷土地。为了使未来莫斯科市的功能区划更加科学合理,按照规划市内将建设多个城市中心,同时将市内交通网络道路由"环形放射状"变为"方格状",从而缓解城市人口和就业岗位过于集中的问题,以减轻核心区域交通压力。

莫斯科的城市发展总体规划的发展方向是保持和增加城市公共交通的发展潜力。首先是发展地铁,进一步完善快速对外交通系统和改造莫斯科的铁路枢纽(交叉口、节点),建立高速铁路交通系统。莫斯科的城市发展总体规划提出，增加城市道路网密度至 8 公里/平方公里，城市道路网络总长度达 5900 公里，增加地铁网线路长度至 1420 公里，沿中心行政区周边地区建立新的地铁换乘通道，在地铁线上建设新的入口和车站；沿莫斯科铁路小环(55 公里)的路线设置轻轨交通环线，并建立联系市中心与舍列梅季耶沃和弗努科沃机场的高速交通系统；同时在城市中心区开辟新型的浅埋式地铁。在大力发展地下交通的同时，规划还注重加强地面交通的建设，改良地面公共交通形式，如开辟 420 公里长的新型有轨电车线路，连接城市周边地区的居住区和地铁终点站及高架单轨铁路车站等。

对于小汽车与公共交通的关系，规划提出沿历史中心区周边，在大型公共设施及其周围地区布置换乘枢纽，用于临时存放小汽车，同时改造和发展城郊铁路和郊区与城市之间的放射形高速公路系统。

(三)有效加强停车管理

路边免费停车是导致莫斯科交通拥堵的重要原因之一。为减少莫斯科车辆乱停乱放占道的现象，莫斯科从 2012 年 11 月开始试行路边停车收费政策，停车收费试行区包括莫斯科内务总局所在的彼得罗夫大街及其附近的约 20 条街道。未来收费区将从莫斯科市中心向外围逐渐扩延，预计到 2015 年将覆盖莫斯科三环以内所有区域。

同时，莫斯科正采取措施，打造“一体化的城市停车空间”。主要包括到 2020 年提供 250 万个机动车停车位，其中有 15 万个停车位计划建在交通枢纽附近的停车场上，大约 7 万个停车位建在街道上；建设“停车换乘”设施；引入停车自动收费系统；新建建筑同步建设满足最小停车需求的空间；推动停车立法，强化停车政策的执行力和处罚力度；取消非法停车场；实行局部的限行措施。

莫斯科市政府还计划限制公共商务性项目的建设，提高住宅、饭店和文化教育性项目的建设数量；修改城市建设政策以有效监督街道道路网通行能力与新建和改建项目之间的平衡，包括监督项目的使用性质。

(四)严格交通管理措施

违章停车、超速行驶、违反信号灯等交通违法行为是莫斯科城市交通拥堵的另一大主因。为此,莫斯科市严格交通管理措施,大力整治交通秩序。自2012年7月1日起,俄罗斯修改实施了新的交通法规,大幅提高对违章停车、擅闯公交专用道在内的多项交通违法行为的罚金,从300卢布(9.2美元)提高至3000卢布(92美元),交通法规的修订完善是莫斯科整治交通秩序、畅通城市的一项重要举措。

莫斯科积极制定和实行限制车辆通行的措施,其中包括莫斯科所有汽车企业改为执行欧Ⅲ标准的计划、限制三环以内路段的车流量以及限制不符合欧Ⅱ标准的汽车进入莫斯科等。同时积极引导居民购买小排量汽车,规定凡是购买发动机排量为1.2升、车长不超过3.5米的小排量车的居民均可免费从市政府相关部门领到价值2.6万卢布的汽油票,并把小排量汽车的停车费降低一半,从而有效地促进了小排量汽车的推广使用。

同时,莫斯科积极清理特权车辆,解决公车"与民争路"的问题。原来,在莫斯科的主干道,如列宁大街、库图佐夫大街,双向车道中间由两条白色实线划出的一条特殊车道,专供特权公务车以及消防车、救护车使用。在政府机关高度集中的莫斯科市,特权车除可使用特殊车道外,还可在各大街小巷优先通行,这加剧了堵车情况。2012年7月1日,《对交通工具上使用的警灯和警报器进行规范管理》正式生效。根据这一法规,俄政府机关装有警灯标志的特权车数量将减少一半,由现有的1040辆减至569辆,政府特权车辆的锐减在一定程度上缓解了莫斯科城市交通拥堵,提高了道路使用效率。

(五)推出特色出租服务

为减轻城市道路交通的负担,莫斯科还积极开展"水上出租车"业务。自2007年起,莫斯科市政府开通了"水上出租车"业务,采用容纳50人的小型快速双体船作为水上"出租车",沿着莫斯科河的中心航道和接近岸边的水域行驶,并在莫斯科河经过的市区内和莫斯科近郊地区建造"水上出租车"停靠码头。

(六)倡导绿色交通出行

为解决莫斯科日益严重的交通拥堵问题,莫斯科积极倡导自行车、步行等绿色交通方式出行，在很多公园和绿地开辟自行车道，为自行车提供专门的停放场所，并积极开展“单车之夜”等文化活动，鼓励市民采用绿色交通方式出行。

莫斯科市政府计划在市中心设立自行车租赁点，以鼓励市民骑车出行，同时为这些车配备“格洛纳斯”卫星定位系统，不仅可让市民选择最便捷的路线出行，而且有助于防止自行车被盗，如果租用者不归还自行车，这一系统可以迅速确定其位置。莫斯科将建立100个自行车租赁点，先放置1000辆自行车，试验成功后再逐步增加数量，首批租赁点将于2013年5月开放。

2012年至2015年间，莫斯科计划投入超过6亿卢布（约合2000万美元）兴建自行车道，从当前的1条增至72条，安装1.7万个自行车停放架，以期使自行车时速达到15.5公里，骑自行车出行的比例从0.01%增至1.2%，即大约14.4万人骑自行车出行。

第八章 英国伦敦

一、城市概况

伦敦是英国的首都和英国的政治、经济、文化中心，也是世界主要的金融中心之一，其位于英格兰东南部、跨泰晤士河下游两岸。伦敦土地面积1587平方公里，人口约757万，机动车保有量约250万辆。

二、城市交通发展沿革

1863年，伦敦修建了世界上第一条地铁。19世纪末，伦敦初步形成了地铁网络化格局。20世纪初，伦敦的公共汽电车规模不断扩大，逐渐成为城市公共交通的重要组成部分。

20世纪60年代中期，伦敦的公交线路已延伸到距市中心40公里的范围，但郊区居民依然将小汽车作为通勤出行的第一选择，进入伦敦中心城区的车辆，有一半以上的时间都处于排队等待状态，交通拥堵成为严重影响居民生活质量的重大问题。

20世纪末，由于资金保障不足等问题，城市交通系统的可持续发展面临严重挑战，小汽车过度使用造成中心区交通拥堵加剧，城市环境恶化，并且影响到市区中心商业的发展。

进入21世纪后，英国政府重视城市公共交通的发展。2003年，伦敦实施中心城区拥堵收费措施，加强中心城区的停车管理，不仅缓解了伦敦的拥堵状况，并且增加了用于交通基础设施建设和公共交通发展的资金来源。2004年，英国交通部发布了题为《公共交通——更为明智的选择》的文件，从政策的角度鼓励人们使用公共交通工具出行。2009年，早高峰时段进入伦敦中心城区的出行者中，90%的人使用公共交通，2.5%的人使用自行车，而使用小汽车进入中心城区的居民与1999年相比下降了50%。中心城区的车流速度显著提高，城市交通拥堵状况得到有效缓解。

三、城市交通拥堵治理措施

（一）实施城市交通拥堵收费

20世纪初，伦敦拥堵收费前期研究工作小组正式成立。专家研究提出伦敦已具备实施拥堵收费的三大条件。第一，伦敦交通拥堵最为严重的地段相对集中。伦敦的交通拥堵主要集中在市中心，由于市中心历史悠久，古建筑林立，已不可能继续新建或扩建道路。第二，伦敦公共交通发达，有公共汽车、地铁等多种公共交通方式，为小汽车出行者提供了可替代的出行方式。因此实施拥堵收费后，放弃小汽车出行的居民依然可以选择其他方式出行。第三，拥堵收费的收入可用于公共交通的发展以及道路基础设施的建设，为伦敦城市交通的良性发展提供资金保障。在此背景下，伦敦市政府提出在中心区实施道路拥堵收费及其他交通需求管理政策。

2003年2月17日，伦敦正式开始对固定时段进入市中心特定区域的车辆征收道路交通拥堵费，以此控制交通流量、改善出行结构，并鼓励居民选择公共交通进入市区，改善中心城区交通拥堵状况。该项政策对拥堵收费的时间、区域范围、适用对象、收费金额、收费方式、处罚规定，以及优惠和免征费对象等均进行了明确的规定。

专栏8-1　伦敦交通拥堵收费政策及其影响

2003年2月17日，伦敦对交通拥堵的重点地区开始实施拥堵收费，即在伦敦市中心区划出特定区域，在固定时间段对其出入车辆实行交通收费管制。实施拥堵收费的目标为：

①伦敦市中心的交通量减少10%至15%；

②道路延误时间降低15%至25%；

③中心区域的车速增加10%至15%；

④改善外围区域交通状况；

⑤改善公交车辆运营。

1. 收费时间

收费时间为工作日（周一到周五）7:00—14:00，周末、法定节假日及特殊节日不收取费用。

2. 收费区域

拥堵收费区是伦敦市中心内环线之内的一个封闭区域，如图8-1所示，收费区域不含内环线。

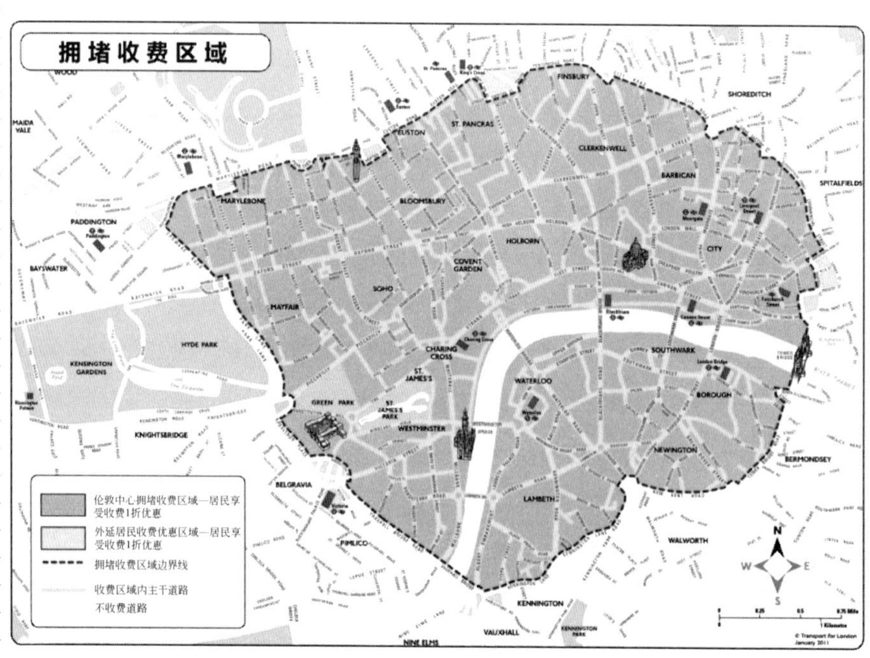

图8-1 伦敦道路交通拥堵收费区域

该区域占地约22平方公里，相当于伦敦市总面积的1.3%，议会大厦、唐宁街10号首相官邸、大本钟、伦敦塔桥、商业金融区以及中国大使馆等都在这一区域内，是伦敦市最繁华的地带。

3. 收费标准

车辆缴费后可以获得进入该区域的资格。进入该区域的车辆不论大小、型号、种类每天只需缴纳一次费用即可多次进出收费区域以及在收费区域内行驶,拥堵费额度为10英镑。部分特定车辆如出租汽车、巴士、救护车、残疾人车辆可免费进入,居住在拥堵区内的居民需缴纳1英镑的费用。

4. 收费方式

缴费的方式十分灵活,包括零售商店、电话、互联网、手机短信以及邮寄缴费。如果运营车辆在5辆以上的,还可以按照“车队方案”方式更方便快捷地支付。

5. 处罚方式

收费区共有174个进出口可以进出该区域,各主要街道上都有醒目的标志提示司机已驶入收费区。区域内有203个摄像机采用自动车牌识别技术对进入拥堵收费区的车辆进行自动识别。

自动车牌识别装置将收集到的车牌号输入数据库,于每日24时和已经缴费的车辆牌号数据库进行比较,未缴费的车辆被筛选出来并会收到罚单。标准费率为每天10英镑,如果使用自动支付服务,即与个人网银账户相关联的自动支付方式,当日缴纳费用的,需支付9英镑费用;如果提前通过网络、电话、邮寄等方式支付,需按标准费率10英镑缴纳;如果车辆驶入过拥堵收费区,当日未缴纳费用,而在第二天24:00之前支付,需缴纳12镑;车辆在第3日至14日内缴清的,需缴纳60英镑的罚款;在第15日至28日内支付的,需缴纳120英镑的罚款,被处罚者可以对处罚进行申诉。如未按期缴清,则伦敦交通局会向法警移交收费权力,由法警以书信、上门访问以及采取行动等方式收取罚款。法警的各项行为均需收取费用,如对罚款存在异议可以向法警出示证据,法警会提出建议,但是通常情况下被处罚者均需缴纳罚款。

6. 拥堵费的使用

按照法律规定,在拥堵收费措施实施的前10年中,所有来自交通拥堵费的净收入都将投向伦敦的城市交通领域,以改善伦敦交通的运行状况,具体用途如下:

①增设巴士线路,增加巴士车辆;

②实施道路安全措施;

③改善步行设施;

④改善自行车设施;

⑤改善城市货运环境。

伦敦交通局每年发布交通拥堵收费年度报告,总结伦敦市中心收费方案实施情况和效果,目的是让公众更多地了解拥堵收费并赢得群众的支持。

根据伦敦交通局的调查,收费时段进入收费区的小汽车减少了30%,货车和卡车各减少了10%,出租汽车、巴士、长途汽车和自行车各增加了20%。拥堵区域内的车辆平均行驶速度由26公里/小时提高到35公里/小时,高峰时段的行车速度增加了20%,城市交通拥堵状况得到明显改善。早高峰时段乘坐公共汽电车进入收费区的人数从7.7万人次增加到了10.6万人次。公共汽电车增加了560辆,整个公共汽电车网络的平均载客量明显增加。实施拥堵收费以来,收费区内公共汽电车运行速度平均提高了7%,高峰时段提高近20%;全市范围内由于晚点或者其他因素造成的等待时间减少了25%。

实施拥堵收费以来,不仅交通拥堵得到了有效抑制,而且城市交通事故也呈现下降趋势。依据伦敦交通局2003年2月到8月的调查数据,个人伤亡交通事故与上一年同期相比下降了8%,行人事故减少了6%,摩托车事故下降了4%,自行车事故下降了7%,小汽车事故则下降了28%。

根据伦敦交通局的成本效益分析估计,拥堵收费每年的实施成本在1.3亿英镑左右,包括管理成本、运行成本,以及新增公共交通设施投入等。但拥堵收费产生的效益更大,在缓解拥堵、节约能源、减少污染和降低事故率等方面产生的经济效益每年在1.8亿英镑左右。

(二)大力发展城市公共交通

1. 改进公共交通设施设备

伦敦交通管理部门通过更换公交车辆提高公共交通服务水平。老式双层巴士因安全性性以及经营成本高等因素在2005年正式停运,取而代之的是更为宽敞、安全性更高的新型公交车。

为了保障居民的出行,伦敦市政府一方面增加城市轨道交通新线,另一方面对原有的城市轨道交通线路车站进行改扩建,或者在原有的车站内安装电梯、增设指示牌等,方便乘客换乘。

为了便于驾驶员和乘客及时了解路况信息,伦敦市在路侧设立了道路交通监控设施,在公交车站设立电子站牌。道路交通监控设施可将路况信息及时反馈给公交车驾驶员,保证驾驶员及时了解交通运行状况。公交车站的电子站牌可为乘客提供不同线路的车辆当前所在的位置以及预计到达车站的时间。

2. 保障公交车辆路权

伦敦自1993年开始建设公交专用道,目前伦敦市区内的大部分主干道和次干道上均设置有公交专用车道,许多只有2条或3条车道的道路上也都设置有公交专用道。根据不同路段交通运行特征的差异,公交专用道的使用时间也有所差异,有工作日(周一到周五)分时段或者24小时运行等不同情况。伦敦公交专用道的标志非常醒目,多数公交专用道都采用红色路面,在路面和路侧标志牌上清楚标注专用道的使用时间和车型等信息。在标明的使用时间段内,只有标志牌上允许的车辆(主要有公共汽电车、出租汽车、通勤班车、大中型客车以及消防车、救护车等其他特殊车辆)才能使用公交专用道。有的路段即使是单行道,也设置了"逆向公交专用道",充分体现了公交车辆的优先通行权。

在加快建设公交专用道的同时,伦敦充分利用信息技术手段,加强对公交专用道使用过程的监管。伦敦道路和街道上普遍安装了密集的视频监控设施,公交车的前后两端也都安装了自动摄像装置,可对违规使用公交专用道的行为进行实时监控和记录，在检测到违规车辆后，自动启动摄像机跟踪车辆，并拍摄高质量的视频录像，从而完整再现公交专用道交通违法事件的全过程，并能够在记录违法事件的同时有效锁定违法车辆的车牌，违章驾驶员日后将会收到交通管理部门寄来的罚单。此外，伦敦大部分公交车尾部现在都标有“勿占公交车道，否则将罚款120英镑”的警示标志。

3. 实施票务信息化

在20世纪80年代初，伦敦引入了交通卡、巴士乘车证，使得乘客在列车和巴士间换乘更加便利，公共交通变得更为便捷。2003年，伦敦开始发行“牡蛎卡”，持此卡可以在伦敦的巴士、地铁和电车上使用，并且持卡乘客可享受优惠的票价。先进的电子技术也为票务系统的发展创造了更为广阔的空间。

(三)改善非机动交通出行环境

1. 改善步行环境

伦敦在改善步行环境方面所做的工作主要有两方面：改造步行基础设施、建设城市导向系统。伦敦在全市范围内进行了一系列的步行设施改造，如拓宽步行区域、清除人行道上的障碍物、改造路面、去除违章标牌、增加过街设施、提高绿化水平等。图8-2所示为伦敦霍尔本地区步行设施改造前后对比图。

a) 改造前

b) 改造后

图8-2　伦敦霍尔本地区步行设施改造前后的对比图

伦敦通过开展“易读伦敦”行动，设计建造服务于行人的城市信息服务系统,为步行者提供了方便。该行动首先在中心城区实施,并逐步扩展到周边区域,信息根据道路改造情况不断更新。

图 8-3 “易读伦敦”的指引牌

2007 年 11 月,在邦德街启动了“易读伦敦”工程建设,其中包括 19 块路侧指引牌,以及在公交车站和地铁站的地图指引牌,用于配合路侧指引牌,引导行人出行。项目实施过程中还清除了 40 余个道路障碍物,以创造整洁的步行环境。项目实施后的综合评估显示:示范系统被行人广泛接受,该地区的平均步行出行时间降低了 16%。随后,“易读伦敦”工程扩展到了牛津街、摄政街以及邦德街的附近地区,增加了 55 块指引牌,如图8-3所示。目前,“易读伦敦”正在伦敦市更多的区域进行试点。

2. 改善自行车出行环境

2010 年 7 月 30 日,伦敦推出了“巴克莱自行车租赁”项目,目标是在中心城区建立一个 6000 辆规模的公共自行车租赁系统,公共自行车租赁站点如图 8-4 所示,使用者可在站点自助完成租还自行车业务。

图 8-4 伦敦巴克莱公共自行车租赁站点

配合公共自行车租赁项目的推广,伦敦还改造了多条自行车道,同时在居民区、商业区、办公区新建设了自行车停车设施。

为了方便居住在城区外的通勤者进出中心城区，伦敦市还推出了“巴克莱自行车快速通道”，车道宽1.5米，在路口处仍保持连续。车道均为蓝色，便于识别，自行车快速通道及其标识牌见图8-5。自行车快速通道CS3和CS7已于2010年建成，CS2和CS8已于2011年建成，2015年之前还将有8条自行车快速通道建成。

a)自行车快速通道俯视图

b)自行车快速通道标识牌

图8-5　伦敦巴克莱自行车快速通道及其标识牌

为了使市民更好地利用先进的自行车交通设施，伦敦还进行了一系列的宣传教育活动，包括自行车绿色出行宣传活动、自行车骑行培训以及自行车出行安全教育等。

非机动交通环境的改善，提高了步行、自行车的出行比例，不仅减少了机动车出行，也减少了交通事故，同时通过非机动交通与公共交通的接驳，提高了公共交通的出行比例，对减少城市交通拥堵发挥了重要作用。

（四）建设城市智能交通系统

伦敦的智能交通系统一直处于世界领先水平。伦敦建立了交通信息快速交互系统和快速道路视频信息系统两大交通信息网络平台，同时伦敦还是最早应用智能信号控制系统的城市之一。

1. 车辆自动定位系统

在英国,有两家私营公司为驾驶员提供车载服务,即 TISHoldings 和 Trafficmaster。TISHoldings 可以根据过往车辆的速度和位置来收集、分析及预测出行时间,并通过各种平台获得系统不断更新的交通信息,如交通管理中心、互联网、车载设备及个人手持设备等。Trafficmaster 则采用通过全国网络中带有车牌识别装置的路边固定图像探测器获得交通信息,通过测定已知位置间的平均出行时间,提供出行时间数据资料。在英国,出行者可以很容易地通过互联网、电话、手机或街道上的信息亭查询出行相关的各种信息。

2. 可变信息系统

可变信息系统是发布交通信息的主要途径之一。可变信息系统于 1995 年首先在 M25 高速公路上投入使用,一般每隔 15 公里设置一处可变情报板。一旦发生公路拥堵,监控系统在 30 秒钟内就可以把拥堵信息反映到指示灯或指示牌上,提示车辆减速或指示车辆通过另外的道路绕行。

3. 智能信号控制系统

智能信号控制系统是一种对交通信号进行实时协调控制的自适应控制系统,它由英国运输研究所于 1975 年研制成功,1979 正式投入使用。此系统支持公交优先、交通信息数据库系统、事故检测系统以及车辆排放物估算等功能,其硬件组成包括中心计算机及外围设备,数据传输网络和外设装置(包括交通信号控制机、车辆检测器或摄像装置及信号灯)。软件大体由五个部分组成:①车辆检测数据的采集和分析;②交通模型(用于计算延误时间和排队长度等);③配时方案参数优化调整;④信号控制方案的执行;⑤系统检测。以上五个子系统相互配合、协调工作,共同完成交通控制任务。

4. 视频信息高速公路系统

在视频信息高速公路系统覆盖区域内,可以控制每一部监控摄像机,从而实现实时远程监控和信息共享。在伦敦,大量的监控摄像机安装在高速公路和主干道路网络上,通过视频信息高速公路系统,各种监控系统使用者(包括交通执法部门、高速公路管理部门等)可以自由操控监控摄像机,对路网进行实时控制、事先控制和远程监视。另一方面,出行者登录政府道路管理部门的网站即可查看视频信息高速公路系统中摄像机拍摄的交通状况真实画面,作为出行的参考。

5. 交通信息快速交互系统

交通信息快速交互系统是类似于互联网的交通和旅行信息网络,用于旅行信息的交换。交通信息快速交互系统作为旅行信息共享的媒介,可以实现各种信息系统之间的互通,进行旅行信息的共享,利于综合管理和旅行者分享出行经验,促进企业之间的协作和终端用户服务。

第九章　法国巴黎

一、城市概况

巴黎是法国的首都和法国的政治、经济、文化中心，位于法国北部巴黎盆地中央，横跨塞纳河两岸。巴黎土地面积105.4平方公里，人口约220万人，机动车保有量约为500万辆。

二、城市交通发展沿革

中世纪时期巴黎形成了城市的雏形，道路网络交错复杂，主要由中央大道、广场以及由广场向周围放射形的道路组成。

19世纪中叶，巴黎进行了大规模的改造，初步形成了现在的道路骨架网络。

20世纪中叶，为了适应机动车交通的发展和城市扩展的需要，巴黎开始加大道路建设力度，然而道路基础设施建设速度远远落后于小汽车增长的速度，巴黎环城高速路开通不久，中心区就出现了前所未有的交通拥堵。

进入21世纪后，巴黎明确城市交通规划的重点在于提高公共交通服务质量，建立公共交通系统的等级分类，加强换乘中心和停车系统建设。目前，巴黎着眼于继续推进缓解拥堵的系列措施，压缩小汽车的道路空间，改造非机动交通设施，改善步行、自行车出行环境。

三、城市交通拥堵治理措施

(一)压缩小汽车道路空间

巴黎市通过出台一系列措施，压缩小汽车的道路空间，为公共汽电车以及非机动化交通提供发展空间。

1. 压缩小汽车行驶空间

2002 年,巴黎市政府开展了“文明空间”行动,对巴黎的道路进行了改造,将原双向六车道改为双向两条机车道以及双向两条公交专用道,其余的道路空间让给了行人、非机动车及道路绿化。图 9-1 所示为“文明空间”行动改造后的道路。

图 9-1 “文明空间”行动改造后的道路

巴黎市政府对公交专用道建设的重视,充分体现了公交优先发展战略。巴黎 80% 的道路为单行线,多数街道狭窄,但是巴黎主要路段都设置了公交专用道,如图 9-2 所示。为方便公共汽电车运行,巴黎甚至在很多单行街道设置“逆行公交车道”,并且在多处交叉口设置专门的公共汽电车通行信号灯,确保公共汽电车辆优先通行。

图 9-2 巴黎的公交专用道

对于需要占用公交专用道为街边店铺完成装卸货的商用货车，一些路侧式公交专用道开辟了商用货车临时停车区，如图9-3所示。有送货许可的货车可以在临时停车区免费停放30分钟。

图9-3　巴黎公交专用道旁的临时停车区

2. 压缩小汽车停车空间

2002年，巴黎市政府开展了“绿色街区”行动，目标是改善巴黎道路的步行空间，并降低居住区的机动车交通量。巴黎市区内已指定了近40条“红色通道”，通道上严禁停放车辆，并且在车流量大、易堵路段兴建地下快车道。如在塞纳河北岸沿线、凯旋门下、戴高乐广场等路段修建地下快车道，既提高了车流速度，又避免了破坏地面景观。

巴黎大多数街道两侧设置了停车位并安装了自动收款机，按地段不同实行差别化停车收费，同时加强对乱停车者的惩处力度。在香榭丽舍大道、协和广场、火车站、著名旅游景点、大商场等地，都有多层地下收费停车场。巴黎的政府或企业办公楼以及住宅楼等也都普遍建有地下停车场。

根据巴黎市政府公布的相关数据，目前巴黎小汽车拥有量较十年前下降了2.5%。另一项民意调查结果也显示，26%的巴黎市民因开车成本高、停车难和汽车使用率低等问题考虑过停止驾驶小汽车出行。按照这一趋势，未来巴黎小汽车数量可能会进一步减少，这将更有利于缓解城市交通拥堵。

（二）发展公共自行车系统

为了减少城市温室气体排放量，巴黎市政府于2007年夏季启动了“自行车城市"计划，到 2012 年，已有 2.35 万辆自行车分布在巴黎市以及周边区域的 1450 个新建的自行车租赁站，为市民提供廉价的自行车租赁服务。市内每隔 200 多米就有一个联网的租赁站，市民租车后可在任意一个租赁站归还自行车。

专栏 9-1　巴黎的公共自行车系统

巴黎的公共自行车系统于 2007 年 7 月 15 日投入运营。2012 年，巴黎的公共自行车系统已经拥有 23500 辆自行车以及 1450 个租赁站。租赁站如图 9-4 所示。

图 9-4　巴黎的公共自行车租赁站

使用者可以购买日票、周票或者年票，如图 9-5 所示。日票价格为 1.7 欧元，可以在一日内多次使用；周票价格为 8 欧元，可以在一周内多次使用；年票分为标准年票（售价 29 欧元）、Passion 年票（售价 39 欧元）以及不同类型的青少年 Passion 年票。标准年票每次使用 30 分钟内为免费，Passion 年票 45 分钟内为免费，超出免费时段后第一个 30 分钟收取 1 欧元费用，第二个 30 分钟收取 2 欧元费用，以后每 30 分钟收取 4 欧元费用。自行车租赁票可以在租赁站终端或通过网络购买，购买时需要提供 150 欧元的信用卡预授权。

巴黎的公共自行车系统投入使用之后,2012 年的自行车出行量为日均 31 万人次,其中公共自行车日均 11 万人次,50% 以上是以通勤为目的。巴黎公共自行车系统的投入也带动了私人自行车的使用,私人自行车日均出行量为 20 万人次。2012 年巴黎的自行车使用人数比 2007 年公共自行车系统投入使用前增长了 41%。

a) 日(周)票　　b) 年票

图 9-5　巴黎公共自行车日(周)票以及年票

(三)完善城市轨道交通网络

巴黎拥有发达的城市轨道交通网络,是巴黎城市交通系统的骨干。方便、经济的城市轨道交通是工薪阶层和旅游者最理想的交通工具。巴黎地铁日均客流量超过 600 万人次。14 条地铁线和 5 条大区快速轨道交通线路纵横交错,将巴黎城区和郊区紧密地连接在一起。在巴黎市区,每平方公里至少有 3 个地铁站,平均步行 10 ~ 15 分钟即可进入地铁站。5 条大区快速轨道交通线沿东西和南北贯穿巴黎城区,市区设有 9 个地铁和大区快速轨道交通的换乘车站,通向巴黎郊区的 230 多个卫星城市和市镇,为远郊区的居民出行提供了方便。巴黎市轨道交通网络布局如图 9-6 所示。

巴黎的城市轨道交通与航空、铁路及公共汽电车都进行了接驳。巴黎市的地铁和大区快速轨道交通线都与市内的 6 个火车站、北郊的戴高乐机场等大型枢纽相接,旅客可以在站内换乘城市轨道交通,也可以直接乘高速列车去法国的其他城市,而不必进入巴黎市内,从而减轻了中心城区的交通压力。

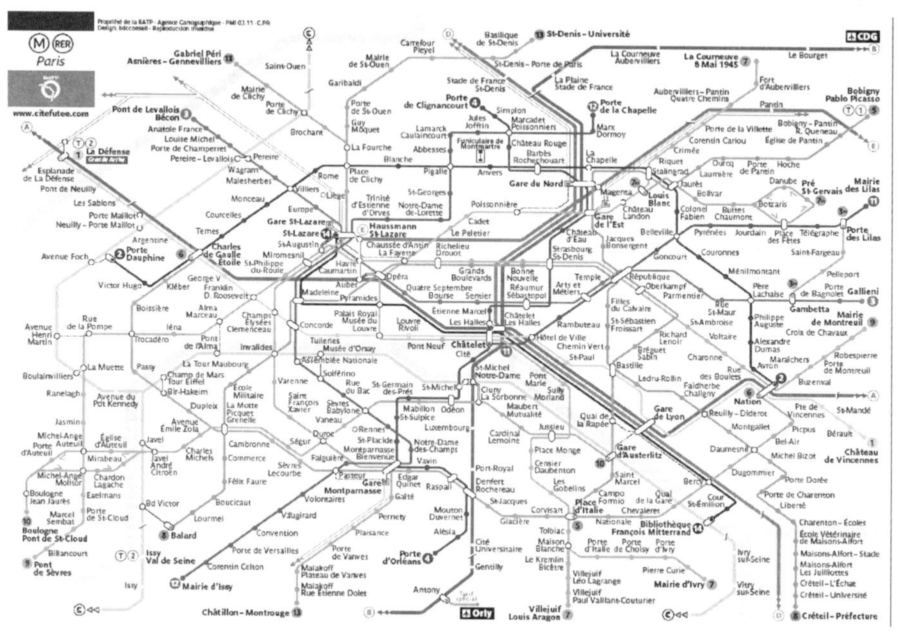

图 9-6　巴黎市轨道交通网络布局图

(四)加强出行信息服务

1. 驾驶者出行信息服务

巴黎几乎每个道路交叉路口都设有指示近、中、远目的地的醒目路标,环城路和快速路的每个出口都设有醒目的大字路标,不但标识出口的地名,还标识与出口相接的高速路和国道的编号及方向。

巴黎的环路和巴黎大区的高速公路上建立了车速、车流的监测系统,这些监测系统收集到的数据可以实时发布到环路以及快速路上安装的电子显示屏,显示从该处到前方某一出口所需的时间以及前方车流量信息等,有助于驾驶员提前做好选择,以减少拥堵。

2. 公共交通出行信息服务

巴黎的公交车站上,站牌信息和换乘指示清晰,车站还安装了电子信息板,显示下一班车的到站时间。此外,为方便乘客换乘和制定出行计划,在地铁站向乘客免费发放地铁和公共汽电车线路图。

(五)发展有轨电车

1992年,巴黎修建了从北郊卫星城圣德里诺到西郊金融贸易区拉台芳斯的全长11公里的有轨电车线路,日均客运量约2.5万人次,该有轨电车与地铁相交,形成一个立体公共交通网,大大缓解了这一地区的交通拥堵。

1997年,巴黎开始修建第二条有轨电车线路,该线路从拉德芳斯经依西拉斯到慕利努克斯,并相继建设延伸到凡尔赛门地区。2000年至2006年间,法国和巴黎大区政府加大了对有轨电车的建设投资,有轨电车的发展速度明显加快,2006年巴黎建成了第三条有轨电车线路,该线从卡尔科拉奥门到艾福依门,其延长线一直到达城北区的贝尔门。

2007年至2013年期间,法国和巴黎大区政府继续增加对有轨电车项目的投资,计划修建70公里的有轨电车线路和公共汽车专用道路,并计划在2014年全部建成。新建的有轨电车线路主要为方便公共交通的换乘,用来衔接地铁、市郊客运铁路和公共汽车枢纽站。

有轨电车线路的逐步完善,不仅明显改善了市民的乘车条件,同时由于有轨电车在专用道路上行驶,不受其他交通的干扰,运行速度快、安全及舒适性高,吸引了大量的乘客,甚至许多小汽车使用者改乘有轨电车出行,从而减少了小汽车的出行量,减轻了巴黎城市道路的交通压力。

第十章　瑞典斯德哥尔摩

一、城市概况

斯德哥尔摩是瑞典的首都，也是北欧第二大城市，位于瑞典东海岸，梅拉伦湖与波罗的海交汇处，是世界著名的旅游胜地。斯德哥尔摩市区分布在14座岛屿和一个半岛上，70余座桥梁将这些岛屿连为一体，因此享有“北方威尼斯”的美誉。从13世纪起，斯德哥尔摩就已经成为瑞典的政治、文化、经济和交通中心。斯德哥尔摩的城市面积约300平方公里，人口约85万，约有50%的人口居住在市中心，25%的人口居住在市中心之外的新城镇中，这些新城镇环绕在斯德哥尔摩市中心周围，通过放射状的轨道交通线路与市中心相连。

二、城市交通发展沿革

19世纪后，斯德哥尔摩以老城格林斯坦为中心向南、向北发展，政府为了遏制城市单中心、摊大饼式的无序扩张趋势，汲取其他欧美国家城市建设的经验教训，决定实施城市和交通协调发展的策略，并在1945年至1952年的城市总体规划中重点明确了以公共交通为导向的土地利用模式和“大分散、小集中”的郊区发展战略，倡导以中心城区为核心的卫星新城建设，促进中心城区人口的有效分散。

1950年至1957年间，伴随斯德哥尔摩3条地铁线路的建设，第一批新城也开始同步建设。随后第二批新城在第一批新城建设的经验基础上，形成了以市区为中心呈辐射状通向几个卫星城的地铁系统，成为斯德哥尔摩市公共交通的主骨架。这种以轨道交通为导向的区域发展模式一直持续到20世纪90年代，对于降低斯德哥尔摩市中心的吸引力，诱导高效、双向的交通流以及中心区向卫星城疏散人口发挥了重要作用。目前，斯德哥尔摩市共有 9 条轨道交通线,其中,地铁、轻轨和城郊铁路各 3 条,总长度超过 400 公里,站点 240 多个,成为城市和轨道交通协调发展的典范。

除了发达的轨道交通系统外,斯德哥尔摩还建立了高效的公共汽电车系统。1967 年,由地铁、轻轨、公共汽电车和轮渡公司等联合组成的斯德哥尔摩交通公司(Storstockholms Lokaltrafik,简称 SL)正式成立,SL 主要负责斯德哥尔摩地区公共交通系统的统一规划和协调管理,并将不同公交服务的运营时刻表和票制完全整合,极大地方便了市民的出行。目前,斯德哥尔摩市有公共汽车线路 400 余条,有超过 25% 的车辆使用乙醇和沼气等清洁可再生燃料。

由于斯德哥尔摩是一个岛屿众多的城市,各岛屿之间都有轮渡相连。轮渡的角色定位和巴士一样,是斯德哥尔摩三大公共交通方式之一。

发达的城市公共交通系统和优质的公共交通服务,使斯德哥尔摩成为欧洲城市中公共交通出行比例较高的城市之一。同时,发达的公共交通系统降低了人们对小汽车的使用,斯德哥尔摩市的机动车使用率有所下降。

然而,由于斯德哥尔摩市内道路普遍较窄,部分道路还是数百年前的狭窄老路,随着斯德哥尔摩地区经济的发展,人口逐年增长,交通流量也呈现迅猛增长的趋势,道路交通供需矛盾不断显现,特别是早晚高峰时段,交通拥堵问题较为严重。

三、城市交通拥堵治理措施

(一)实施以公共交通为导向的城市发展模式

斯德哥尔摩坚持以公共交通为导向的辐射状发展模式,对促进城市健康发展起了决定性作用。过去 60 多年里,斯德哥尔摩由一个单中心的城市,发展为一个多中心的大都市,地铁网络起到了重要的支撑作用,它深刻地影响了人们的生活方式和城市的发展形态。斯德哥尔摩最早的地铁线路开通于 20 世纪 50 年代。按照当时制定的区域规划,斯德哥尔摩的发展以原有市区为中心,同时规划了若干卫星城环绕其周围,这些卫星城由轨道交通系统与中心城区相连。斯德哥尔摩的地铁线与最早的卫星城同步建设,因此当地铁刚刚开通时，由于需求不足，处于较为严重的亏损运营状态，但斯德哥尔摩城市政府相信卫星城真正完善成型后，地铁会发挥重要作用，会给城市发展带来显著效益。目前，斯德哥尔摩的地铁系统全长106公里，有100多个站点，并以辐射状从中心城区延伸到周边的卫星城，成为斯德哥尔摩交通系统的骨架和城市发展的轴线，城市重要的功能区都集中在地铁沿线和地铁场站周边。斯德哥尔摩经济发展水平较高，是欧洲小汽车拥有率最高的城市之一，但由于健康的城市发展模式和方便、发达的公共交通系统，小汽车的出行比例不足30%，有效避免了城市交通拥堵等问题。

（二）建设高效的城市公共交通系统

斯德哥尔摩的城市公共交通包括铁路、地铁、轻轨、公共汽车和轮渡等不同方式，由斯德哥尔摩交通公司负责统一管理运作，平均日运送旅客65万余人。

作为一个由岛屿组成的城市，交通发展最大的瓶颈往往是连接岛与岛之间的桥梁。斯德哥尔摩在桥梁周围建立了众多大型交通枢纽，并由斯德哥尔摩交通公司进行统一运营，市民可以在这里实现多种交通方式的无缝对接换乘。市民下地铁后，不需出站等候，在地铁出站处就能看到要换乘的公交车到站信息，充分体现了人性化的服务。

相对出租汽车高昂的出行费用，斯德哥尔摩交通公司制定的公共交通票价较为低廉。从2007年2月1日开始，该公司统一了公共交通出行票价，实行一票制，无论乘坐距离远近，统一支付40瑞典克朗就可在一小时内不限次数地乘坐该公司的所有市区交通工具，无需另外购票。为了降低市民出行成本，除零售票外，斯德哥尔摩交通公司还出售各种分时段的票，包括24小时票、72小时票、周票、季票、半年票和年票等，持有这种票就可在一定时段内无限制乘坐该公司的交通工具，老人和儿童还可享受半价优惠。

（三）征收城市交通拥堵费

从2007年8月1日起，斯德哥尔摩开始实施道路拥堵收费制度，规定在每周的工作日，凡进出收费区域的机动车辆（除公共汽电车、紧急救援车辆、军车、动力两轮车、使用替代燃料的车辆等）必须交纳10～20瑞典克朗的交通拥堵费。拥堵收费制度在斯德哥尔摩实施后，工作日内收费区域的交通量减少了22%，交通事故降低了5%～10%，市中心及其附近的道路，交通延误减少了30%～50%。交通量的减少使得收费区域的汽车尾气排放下降了8%～14%，空气质量明显改善。同时，自从征收拥堵费后，有更多的市民选择使用公共交通出行。为此，斯德哥尔摩增加了200多辆公共汽电车和16条新线路，促进了公共交通的发展。随着拥堵收费的实施，民众对拥堵收费的反对率也从2006年的45.5%下降到了2007年的28%，且是逐年下降趋势。

专栏10-1　斯德哥尔摩的拥堵收费制度

1. 收费时段

斯德哥尔摩交通拥堵收费的时间段是每周工作日（周一至周五）的12小时（6:30—18:30），凌晨与夜间、周六与周日、公共假期均不收费。另外，由于当地7月份的交通流量相对较低，因此也不属于拥堵收费的管制时间段。

2. 收费区域

收费范围主要控制在斯德哥尔摩市内城地区（图10-1虚线范围内），收费区域的面积大约为30平方公里，收费区域各主要道路的出入口总共设置了18个收费点。

3. 收费标准

收费标准因时而异，具体金额则随着时间不同而相应调整，分别有10瑞典克朗、15瑞典克朗与20瑞典克朗三级收费标准。其中，在高峰时段的收费金额是20瑞典克朗，过渡时段（高峰时段之前与之后半小时）的收费金额是15瑞典克朗，低峰时段（除高峰时段和过渡时段以外的其他时段）的收费金额是10瑞典克朗。单个机动车辆拥堵收费的最高限额是60每天瑞典克朗。

4. 收费对象

收费对象为在规定时间内进出收费区域的机动车辆。免交拥堵费的车辆种类包括:公交车、紧急救援车辆、军车、动力两轮车、使用替代燃料的车辆、国外登记的车辆、外交使节车辆及拥有伤残停车许可证的车辆。

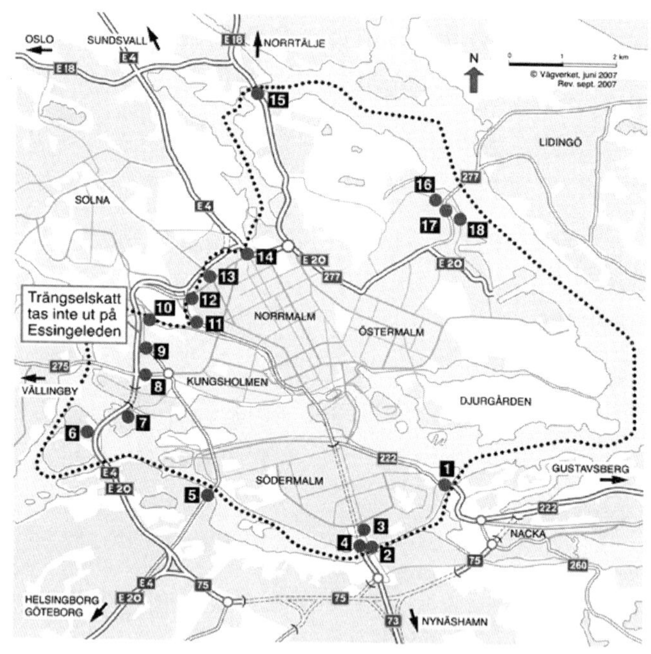

图 10-1 斯德哥尔摩市拥挤收费的区域范围

5. 付费方式

付费方式较为灵活,机动车使用者可以使用车载发射机应答器,并且授权银行通过转账方式进行自动扣款,也可以通过网络银行或者便利店进行支付。

6. 处罚规定

机动车用户必须在通过收费边界后 5 个工作日内将通行费支付给瑞典道路管理局,否则将被处以 60 瑞典克朗的罚款,如果欠费超过 1 个月,则将面临 500 瑞典克朗的高额罚款。

(四)鼓励非机动出行

斯德格尔摩为缓解交通压力,改善城市环境,大力鼓励市民骑自行车或步行出行。斯德哥尔摩的一半人口居住在中心城市,另一半居住在卫星城。这些卫星城全部位于放射型轨道交通的车站处,本身的规模和布局非常有利于居民步行。轨道交通站口结合公共广场布置,周围是超市、各类商店和其他服务设施,并配置了座椅、报亭、路边咖啡座、步行连廊以及花坛等设施,通过步行道与周围的住宅区连接。另外,斯德哥尔摩合理规划了步行、自行车出行系统和机动车系统的换乘接驳,建造了良好的基础设施。

目前斯德哥尔摩市建成了欧洲规模领先的城市自行车专用道网络,且大部分自行车道独立于机动车道,与人行道相邻。近年来,斯德哥尔摩市越来越多的居民选择自行车出行。在郊区每隔一段距离就设置地下过街通道和人行横道,避免与机动车发生冲突,以保证骑车人和行人的安全,如图 10-2 所示。在郊区的轨道交通站点都建有自行车停车点,方便乘客骑车换乘。另外由于斯德哥尔摩水系发达,桥梁众多,政府还专门为行人修建了许多步行桥。

图 10-2　斯德哥尔摩城市道路的地下过街通道

第十一章 美国纽约

一、城市概况

纽约位于美国大西洋海岸的东北部,纽约州的东南部,是美国最大的城市,也是世界重要的金融中心和经济中心之一。纽约土地面积约 786 平方公里,人口约 827 万人,机动车保有量约 800 万辆,人口密度达 10521 人/平方公里。

二、城市交通发展沿革

小汽车主导阶段:自 20 世纪 20 年代,在快速发展的汽车工业推动下,纽约市政府加大对城市道路基础设施的建设力度,加快完善城市道路网络,推动小汽车进入家庭。市区人口开始大量向市郊迁移,城市发展也逐渐向外延伸。从 1919 年到 1929 年,美国小汽车保有量由 677 万辆增至 2312 万辆。小汽车保有量的快速增长导致美国大中城市普遍出现了城市交通拥堵现象。以纽约为代表的美国东海岸城市由于经济发达,人口众多,城市化水平高,率先经历了交通拥堵。从 1919 年到 1929 年,纽约人口由 343 万增至 700 万,1925 年纽约机动车保有量达到 50 万辆,1940 年机动车保有量突破 100 万辆。其中增长最快的时期为 1915 年到 1930 年,15 年增长约 70 万辆。1955 年,纽约机动车保有量已经超过了 150 万辆。这一阶段纽约公共交通系统发展较为缓慢,城市交通拥堵问题逐步显现。

公共交通主导阶段:20 世纪 60 年代起,纽约逐渐意识到快速机动化带来的交通拥堵、环境污染等诸多方面的负面影响,开始提倡发展公共交通,政府不断加大城市公共交通的投入,使城市公共交通逐渐成为城市交通系统的主体。依据 2000 年人口普查数据,纽约家庭拥有小汽车比例不足 50%,在曼哈顿地区更低,仅为 25%,低于全美平均水平。

三、城市交通拥堵治理措施

(一)加强城市交通组织管理

纽约建市时间较长,城市的金融、商业、居住、娱乐等城市功能布局基本稳定,城市停车空间不足等交通问题突出。在此情况下,纽约因地制宜,采取综合性措施,最大限度地利用有限的道路交通资源,提高城市交通运行效率。

1. 设置单行道

纽约的城市道路自20世纪20年代起就开始实施单向通行,相邻的两条单行线一般方向不同,如图11-1所示。每隔十几条街道一般会在主要街道上允许双向通行,从而为驾驶员提供了多种选择,驾驶员可以根据路况选择不同的路线,避免在一条路上长时间等待,造成拥堵。

单行线以限制局部来保障全局的畅通,是提高道路通行能力、缓解城市交通拥堵的一种直接、有效,也比较经济的方法。纽约的街道布局呈网格状排列,相邻街道之间距离较短,为实行单向交通提供了便利。

a) 单行道

b) 单行道标志

图11-1 纽约单行道标志

2. 采取机动灵活的交通疏导措施

纽约的金融、商业、娱乐设施以及市政府有关部门主要集中在曼哈顿岛上,每天出入曼哈顿上下班、公务、旅游、购物的人员构成了纽约交通的出行主体，而出入曼哈顿岛的几座桥梁和隧道也往往成为交通瓶颈。为了确保交通瓶颈路段的畅通，纽约市交通管理部门采取了一系列的交通疏导措施，以提高道路交通运行效率：一是实行变向车道。为疏导早高峰期间的大量进岛车辆，将连接曼哈顿和周围几个区的桥梁和隧道的部分出岛车道改为进岛车道，以提高交通设施的利用效率。二是鼓励车辆合乘。为鼓励市民合乘出行，减少车流量，规定早高峰时段进岛的某些桥梁和隧道仅供有两名或两名以上乘员的车辆使用。这些措施最大限度地利用了现有的交通设施，提高了瓶颈路段的交通运行效率，有效缓解了交通拥堵状况。

3. 限制车辆转弯

纽约市交通管理部门还在一些主要路口限制车辆转弯，以降低对交通的干扰程度，减少车辆的等候时间，提高通行效率。在交通繁忙的第五大道以东地区，许多路口都明确规定在高峰时段不得左转弯，车辆必须通过绕行其他街区实现左转。为疏导穿越城区的车辆快速通行，交通管理部门专门开辟出快速通道，规定车辆只许直行，不许转弯，使车辆快速有序行驶，保持畅通。

（二）大力发展城市公共交通

纽约非常重视发展城市公共交通，将其作为缓解城市交通拥堵的重要手段。纽约拥有北美规模最大的城市公共交通系统，包括地铁、通勤铁路、公共汽电车、轮渡等多种方式，公共交通出行分担率为75%左右，发达的公共交通系统有力地缓解了纽约的交通压力，并带来了显著的经济和环境效益。

专栏11-1　纽约的公共交通系统

1. 地铁

纽约地铁网络四通八达，共有地铁线路27条，车站468个，列车6490多辆，运营总长660多公里，2011年客运量达16亿人次。纽约地铁线路如图11-2所示。

纽约大多数地铁线路实行 24 小时运营。为满足乘客的不同需求,同一地铁线路中还设置了慢车和快车。每天 7:00—10:00 的上班高峰时间,进入曼哈顿中心商务区的客流有 63% 由地铁完成运送任务。纽约地铁有多种票价形式,乘客可根据自己的需要选择不同面值、不同有效期限的地铁卡。地铁卡还可以在公共汽电车上使用,刷卡乘地铁后 2 小时内可以免费乘坐一次公共汽电车,极大方便了地铁与公共汽电车之间的换乘。

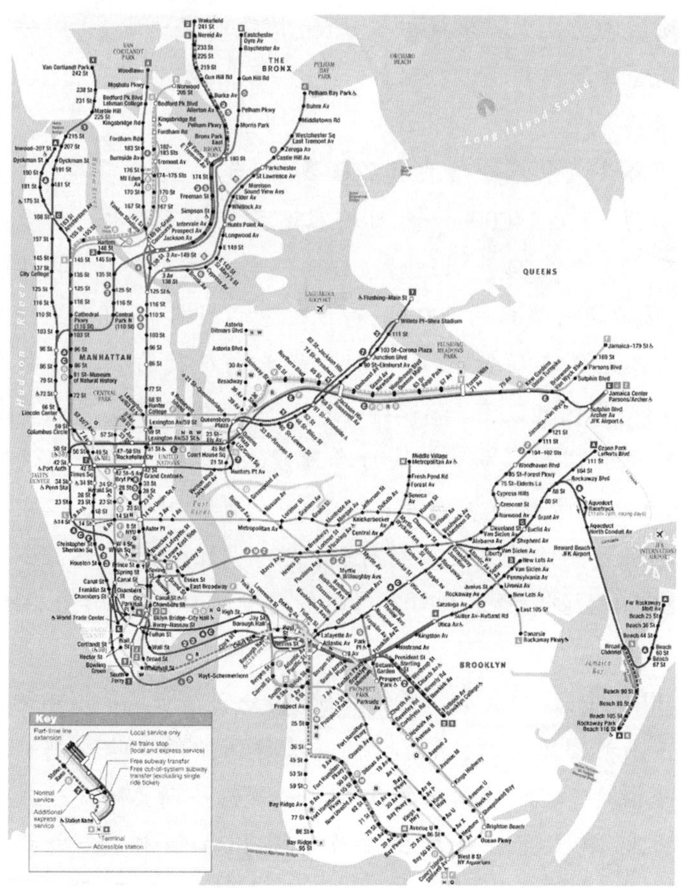

图 11-2　纽约地铁线路图

2. 通勤铁路

纽约的通勤铁路主要有大都会北方铁路、长岛铁路和新泽西的通勤铁路等。通勤列车实行跨站停靠运营和站站停靠运营的快慢车制度,每趟列车停站又有区别,使大小站都有列车分次停靠,同时又提高了车速。在运营时间安排上,高峰时段车次较为密集,一般15分钟一班;低峰时段约30分钟一班,全天24小时运营。在票制方面,实行月票、10次票、往返票和单程票等多种票制。通勤铁路为居住在纽约周边地区的居民上下班提供了经济、快捷的交通服务,同时有效地缓解了高峰时间段的交通拥堵。

3. 公共汽电车

纽约公共汽电车线路共有240多条,车辆5000多辆,线路总长3000多公里,车站14000余个,日均客运量250万人次。许多公共汽电车线路都是全天24小时运营。公共汽电车运营分为区内运营和跨区运营,区内运营线路约200条,跨区运营的线路约40条。纽约市的公共汽电车站点遍布全市各个地区,南北向行驶的公共汽电车几乎每隔2~3个街区就设有一个车站,东西向行驶的公共汽电车每一条街都设有一个站点。为了加快行车速度,有些线路还专门设立了大站快车,在交通干道和主要景点停靠。为确保公共汽电车在交通繁忙的曼哈顿区中央商务区顺畅行驶,交通管理部门设置了公交专用道,并规定在主要交通走廊等直行路段行驶的公交车辆可以转弯。

4. 轮渡

到2012年,纽约共有3条轮渡航线,分别是市域范围内的纽约曼哈顿岛—斯泰腾岛轮渡、东河轮渡以及跨州纽约曼哈顿岛—新泽西州荷伯根轮渡。市域范围内的纽约曼哈顿岛—斯泰腾岛轮渡航线全长8.4公里,单程25分钟左右,高峰时段每20分钟一班,平峰时段每30分钟一班,夜间1小时一班,全天24小时运营,年运送乘客量为1900万人次。

市域范围内的东河轮渡为2011年6月启动的试点项目,全程设

6个站点，从曼哈顿中城的码头出发，连接皇后区、布鲁克林区与西岸的曼哈顿，最终到达曼哈顿下城的华尔街，全程约25分钟，票价4美元。2012年7月纽约东河轮渡开通一周年时，已运送乘客100多万人次，远远超出纽约市政府预期的41万人次。另一条为跨州纽约曼哈顿岛—新泽西州荷伯根轮渡，服务时间为每周一至周五6:50—23:00。

纽约发达的公共交通系统对缓解交通拥堵、降低能源消耗以及空气污染起到了明显作用。美国得克萨斯交通研究院在2003年发布的《城市机动性报告》中对纽约、洛杉矶以及芝加哥等城市的交通拥堵情况以及公共交通使用情况进行了比较，见表11-1。

城市交通拥堵情况以及公共交通使用情况对比　　表11-1

城市	纽　约	洛杉矶	芝加哥
人口数量	839万	1250万	980万
人均年拥堵延误时间	23小时	50小时	37小时
人均年拥堵成本	383美元	855美元	631美元
日均交通高峰时长	6小时	8小时	8小时
年均公共交通出行里程	185亿英里 (298亿公里)	28亿英里 (45亿公里)	22亿英里 (35亿公里)
年均公共交通节省拥堵成本	49亿美元	22亿美元	13亿美元
人均因拥堵多消耗的燃料	11加仑(42升)	33加仑(125升)	23加仑(87升)

(三)加快智能交通系统建设

纽约高度重视智能交通系统建设，通过智能交通系统采集综合交通信息，并在此基础上实现交通信息服务与智能交通信号控制。

1. 加强公众出行信息服务

纽约的公众出行信息服务系统主要为出行者提供实时交通信息服务，通过计算机终端、咨询电话、咨询广播等，向出行者提供当前的交通状况及服务信息，以帮助出行者合理选择出行方式、出行时间和出行路线。在出行途中，通过车载信息单元或路边动态信息显示板，向出行者提供道路条件、交通状况、车辆运行情况、交通服务等实时信息，通过路径诱导系统对车辆进行定位和导航，指引车辆始终行驶在最佳路线上。

2. 构建智能信号控制系统

纽约的智能交通信号系统始建于20世纪70年代。经过30多年建设，纽约已经建成一套先进的智能化交通信号控制系统。这套系统的控制中心位于纽约市交通管理中心内，负责对全市主干道交通状况进行实时监控。此外，它还负责管理纽约6600个交通信号灯和4000个用于测定车流量的环形探测器。截至2006年1月，纽约市内有信号控制的路口共有11871个。

纽约市交通管理中心建成了先进的信息系统，通过电子显示屏及时跟踪曼哈顿地区所有交通信号灯的动态变化。一旦某一路段发生交通事故或出现拥堵状况，该中心的计算机就会立即发出指令，对附近地区的信号灯重新进行调整。闭路电视会及时对准现场，为工作人员处理事故和交通堵塞提供实时信息。

针对市区内道路纵横、交叉路口众多的特点，纽约市交通管理部门对交通信号灯的相位和配时进行了精心设置。曼哈顿岛上的道路呈棋盘结构，南北宽、东西窄，南北方向主要由12条大道和200多条街道连接，因此，在信号灯的变灯编排上，南北大道上的绿灯时间长、红灯时间短；东西街道则绿灯时间短、红灯时间长。此外，各个路口的信号灯并不是相互孤立的，而是构成多个有机的整体，即十几个路口的信号灯同时或依次变灯，协同运作，尽量提高同方向行驶的车辆在相邻交叉路口绿灯通行频率，从而大大提高了车辆的通行效率。此外，纽约在许多交叉路口禁止车辆在红灯时右转弯，有效消除了转弯车辆对其他车辆的干扰，提高了交叉路口的车辆通行效率。

纽约市交通管理部门在许多车流量较少、没有信号灯的路口设置了停车让行标志，采用红底白字的交通标志牌。采用这种标志的路口与红灯一样，车辆必须在路口白线前停车，待确认没有问题后才能重新起步。这一规定不仅有利于提高行车安全性，而且也为政府节省了设置信号灯所需的经费投入，被称为“美国交通标志史上最重要、最成功的标志”。据统计，纽约智能交通系统的应用每年大约可减少120万起交通事故,挽回因交通拥堵及交通事故造成的260亿美元的经济损失。

(四)鼓励绿色出行

2009年纽约推行的《街道设施规划手册》,规定了绿色交通设施建设标准,启动了一批绿色交通建设工程,通过改建城市快速路、设置自行车专用道、改善步行出行条件等多种途径方便和鼓励绿色出行。纽约自行车交通量逐年扩大,成为美国自行车通勤量最高的城市,超过50万的市民使用自行车出行。纽约主要道路监测点断面流量数据显示,过去20年,自行车通勤人数增长了近4倍。

在纽约推行绿色出行力度最强的是曼哈顿地区。曼哈顿中央商务区的道路网在"汽车时代"之前就已经形成,高密度的路网不仅增加了临街商业面积,也为高效率的交通管理模式(如单向交通)创造了条件,并且提高了路网的连通度,较短的交叉口间距抑制了过境交通流量,提高了道路网的有效容量。同时,较小的道路断面宽度,降低了路段车速,形成了一个更为友好的步行环境。

第十二章　巴西库里蒂巴

一、城市概况

库里蒂巴是巴拉那州的首府，位于巴西南部东南沿海地区，市区面积约432平方公里，市区人口约180万，周边26个卫星城人口约70万。库里蒂巴以城市绿化和清洁的城市环境著称。2002年库里蒂巴市被联合国评为“最适宜人居的城市”。

库里蒂巴是巴西公共交通使用率最高的城市，其城市交通系统被联合国和世界银行评为“当今世界最好和最实际的城市交通系统，是实现城市可持续发展的典范”。

二、城市交通发展沿革

1934年库里蒂巴制定了第一版城市总体规划，将城市确定为环形与放射状相结合的空间发展结构，但随着城市经济的快速发展和规模的不断扩大，这种空间结构存在的问题日益凸显，首当其冲的便是中心区的交通拥堵。20世纪50年代以后，库里蒂巴进入快速发展时期，人口迅猛增长，其中75%的人口集中在市中心40%的区域，到20世纪70年代库里蒂巴的小汽车保有量达40多万辆，位居巴西之首。同时，由于库里蒂巴最大的公共交通公司受到小汽车发展的冲击而破产，致使城市交通一度陷入混乱。截至1974年第一条快速公交线路试运营前，全市的公共交通日均客流量仅为2.5万人次，库里蒂巴和巴西大多数城市一样，面临着严重的交通拥堵、环境污染等问题。

20世纪70年代，为解决城市交通拥堵、空气污染等一系列问题，库里蒂巴政府制定并实施了以快速公交引导城市发展的战略。1991年，5条放射状快速公交轴线全部建成，库里蒂巴形成了以快速公交走廊为引导的单中心放射状轴向空间发展模式。同时,库里蒂巴市在各个主要枢纽之间开通快速中巴车辆,成为主干道交通以外的补充。1992 年,库里蒂巴引进了大型双节公交车,进一步提升运力,逐步形成以换乘枢纽为中心的多层次公共交通服务网络,大大缓解了城市的交通压力。1994 年的统计数据显示,库里蒂巴的公共交通日均客流量已达到 130 万人次/天。

目前,库里蒂巴是巴西除首都巴西利亚之外人均小汽车拥有量最高的城市。但是其发达的公共交通系统使得许多拥有小汽车的市民纷纷改乘安全、快捷、舒适的公共交通出行,公共交通日均客运量达 190 万人次,市内 75% 的上班族都乘坐公共交通出行,使库里蒂巴成为巴西小汽车使用率最低的城市之一。

三、城市交通拥堵治理措施

(一)强化城市发展规划

库里蒂巴非常注重规划先行,其快速公共交通系统是交通建设与城市发展有效结合的最佳范例之一。库里蒂巴于 1965 年制定的规划方案确立了城市土地利用必须与城市交通的发展相协调统一的原则。库里蒂巴的公共交通系统以土地利用、道路系统和公共交通三个要素的关系作为公交系统乃至整个综合交通系统发展的基础,并确立了通过发展公共交通解决城市交通拥堵的思路。

库里蒂巴城市规划的制定,坚持土地使用强度与已有城市结构相匹配的原则,其目标是调整小区划分和土地使用,以使交通需求适应社会经济和城市的发展。库里蒂巴被划分为若干小区,每一个小区都根据允许的土地使用性质和土地开发密度,确定了特殊的土地使用管理制度。同时,为了使每个小区都具有良好的可达性,城市的道路网络系统也是分层次建立的。库里蒂巴在城市的发展过程中,充分运用了以公共交通为导向的开发理念,库里蒂巴的商业、住宅均沿着结构轴线分布。与此同时,两侧的商业、住宅也为公共交通集聚了客流。库里蒂巴沿快速公交(BRT)线路的土地开发状况如图 12-1 所示。

为满足不同类型的公共交通需求,库里蒂巴根据不同的土地利用性质,建设多层次的公共交通网络,包括主干线路公交专用道上运行的快速公交、临近次干道上运行的直达车,以及支线道上运行的普通公共汽电车等。在土地使用密度高的居住用地和商业用地附近设置公交专用道,并配置具备大容量、快速运送能力的双铰接公共汽车,使公共交通系统能够充分满足所在区域的交通需求。而在中等或低密度的居住区,为了提高运营效益和公交服务质量,使乘客能够方便地到达其他居住区或者交通节点,配置运送能力相对较低而灵活性更高的普通公共汽电车。

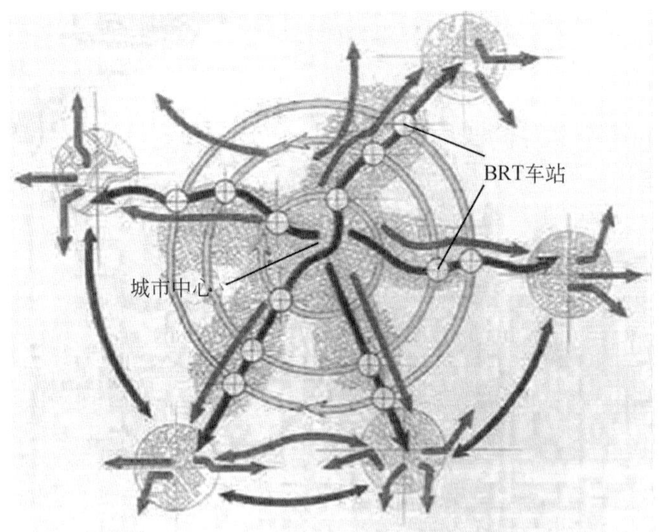

图 12-1　库里蒂巴沿 BRT 线路的土地开发状况

(二)加强公共交通建设

库里蒂巴政府从 1974 年起通过各种方式加快城市公共交通建设,建立了有效的以“路面地铁”著称的快速公交系统,形成了较为完善的公共交通系统,其最大的特点是利用地面公共汽电车成功解决了城市交通问题。目前,库里蒂巴主城区的公交网络由 340 条线路和 1500 余辆各类公共汽电车组成,公交系统日均客运量超过 190 万人次。

专栏 12-1　库里蒂巴先进的公共交通系统

1. 公交线路及站台

库里蒂巴城市公共交通系统的线路可分为快速线、支线、区际联络线、大站快车线、常规的整合放射线及市中心环线等。公共交通系统共设有三类车站:管式车站、大型公交站和传统型车站。其中管式车站是造型极具现代感的圆筒式透明公交站台,站距多为 500 ~ 1000 米,如图 12-2 所示。其最大的优势是可以大大加快乘客的上下车速度,还可使乘客免受气候条件的影响。

a) 管式车站外观

b) 管式车站内部

图 12-2　管式车站

车站的水平上下车设计和进站口自动升降装置(图 12-3)为行动不便的乘客提供了优质、方便的服务。大型公交站多位于公共交通轴线上,其中中转式的大型公交站以地下通道的形式相连接,为不同线路提供了分隔开的上下站台,方便乘客换乘。

2. 车辆运营

库里蒂巴的公共汽电车以 6 种方式运营:一是在主干道上运营的红色直达巴士(Express Buses);二是在主干道和主要街道上运营的银色快捷巴士(Rapid Buses);三是在大容量干道上运营的快捷双铰接巴士(Bi-articulated buses);四是在城市中央商业中心区周围干道运营的绿色市区巴士(Inter-district Buses);五是在城市街道与区域终

点站之间运营的黄色接驳巴士(Feeder Buses);六是为弱势群体服务的白色特别线。

图 12-3　车站进站口自动升降装置

3. 公交专用道

库里蒂巴的公共交通服务辐射范围覆盖近90%的城市面积,乘客步行不到500米就可到达公共交通服务点。在城市中心区,公交专用道设置于双向行驶的道路中央,专用道与其他车道间实施物理隔离,两侧是普通机动车道,因此库里蒂巴的快速公交系统也被称为"路面地铁"。

4. 公共交通票价

为了鼓励市民采用公共交通出行,库里蒂巴市政府规定:65岁以上的老人和5岁以下的儿童可以免费乘坐公共交通;对有工资收入的库里蒂巴市民,如果花费在公共交通上的费用超出工资的6%,其超出部分可由政府补贴;对于住在贫困地区的居民,可以通过清扫垃圾的方式来换取公共交通车票。

5. 智能公共交通系统

近年来,库里蒂巴与无线通信商合作,构建了新型智能公交系统,成为联合国气候变化框架公约秘书处向全球重点推广的项目之一。

库里蒂巴率先采用以3G无线通信为基础的公交信息解决方案。目前,当地绝大部分公交车和公交站已通过移动通信模块接入本地3G网络。公交指挥中心可依据实时数据优化车辆配置和调度,避免局部拥堵和乘客长时间等待。

(三)完善公共交通运营管理

库里蒂巴公共交通系统取得的巨大成功与其运营管理机制密切相关。库里蒂巴公共交通管理机构由城市公共交通公司和市交通委员会组成,实行运营与管理分离,适度竞争,票款集中收取,统一分配。库里蒂巴政府依据《库里蒂巴市公共交通客运服务条例》授权城市公共交通公司(URBS)对整个城市的公共交通线路、场站、车辆、道路交通(包括交通信号控制)进行运营管理。该公司代表政府对私人运营企业行使履行报批手续、组织公共交通客运服务的权力。库里蒂巴城市公共交通公司是唯一的特许经营单位,并具有法定的管理权限,可以独立规划和设计城市的公交线路。

库里蒂巴城市公共交通公司为公私合营(市政府占99%的股份,私人占1%的股份),公司总经理由市政府任命。公司管辖近30家私人公司,为私人公司报批持有公交车辆和办理公交服务的运营许可手续,同时拥有车队并且负责完成具体的运营任务。这种公私结合的合作方式由公共管理机构制定长期的运营规划,可以避免因过分关注局部利益使得规划线网不合理而造成的资源浪费,而由私有方投入主要的建设运营资金,可以在相当程度上减少政府的负担。

库里蒂巴交通委员会由市政府、市议会、城市公共交通公司、城市规划研究所、驾驶员工会、客运公司工会等代表组成,各代表由所在单位确定。《库里蒂巴市公共交通客运服务条例》授权库里蒂巴交通委员会审议、讨论公共交通发展事项,提出改进公共交通建议等权力。

库里蒂巴采取运营与管理相分离的模式,私人公司完成运营任务,票制系统则由综合公交系统基金会负责,基金会设有专门机构研究制定票制体系,由基金会发售车票。公交运营企业按质量完成运输任务后,如果企业的利润达不到政府规定的标准,不足部分由政府补贴;如果超出规定的标准,则超出部分作为城市公共交通发展资金,该运营模式有力地保障了城市公共交通系统的良性发展。

下篇

城市交通拥堵治理经验

概 述

通过对上篇12个国内外城市交通拥堵治理实践的系统分析,总体来看,国际城市治理城市交通拥堵的经验主要体现在以下六个方面:

第一,强化规划引领,促进城市交通与城市发展的相互协调。国际上许多大城市十分重视城市规划对交通需求的调控作用,并将其作为治理城市交通拥堵的治本之策,通过一体化规划和综合开发建设,积极推进以公共交通为导向的城市发展模式,通过在公共交通设施周边建立功能集中的城市组团,实施集办公、商业、文化、教育、居住等功能为一体的土地集中开发,促进城市布局的优化调整,提高公共交通设施周边的土地利用效率,促进交通与土地利用的协调发展,降低居民出行的刚性需求和出行成本。同时通过建立完善的规划实施管理制度,确保规划落实到位,加强城市交通各专项规划间的协调与整合,促进不同交通方式的协调发展,提高城市交通总体运行效率。

第二,优先发展城市公共交通。国际大城市交通发展实践表明,优先发展公共交通是解决城市交通拥堵的根本性措施和必然选择。国际大城市十分重视城市公共交通发展,从立法、资金、土地、路权等方面加大对城市公共交通发展的支持力度,努力提高城市公共交通的服务能力和服务品质,提高公共交通出行分担率,降低城市道路交通压力。采取的做法主要有:一是建立健全城市公共交通法规体系,为城市公共交通发展提供法制保障,确保公共交通制度化、规范化发展。二是构建功能完善的城市公共交通服务网络。积极建设以轨道交通、快速公共交通系统等大容量交通方式为骨干,以公共汽电车为主体的交通网络,大大提高城市公共交通系统的吸引力和竞争力,减少小汽车的使用强度,降低城市道路交通压力。三是采取综合的政策措施,不断提高城市公共交通服务水平。许多国际城市通过加快公共交通场站、枢纽等基础设施建设,实行路权和信号优先策略,加快车辆装备改造,加强信息技术应用等措施，不断提高公共交通服务质量，增强公交系统的吸引力，让更多的人享受高品质、人性化的公交服务。四是注重发挥政府在城市公共交通发展中的主导作用。许多国家和地区将公共交通作为政府应当向社会提供的一项基本公共服务，通过建立规范的政府补贴和财政支持政策，不断加大政府对公交的投入力度。

第三，加强城市交通需求管理。为缓解城市交通拥堵问题，世界许多城市从“供给”和“需求”两个层面，在加大城市交通基础设施建设、扩大交通供给能力的同时，综合运用经济、科技、法规和行政等手段，通过停车管理、车辆限行、车辆购置管理、拥堵收费、鼓励高承载率车辆优先通行，以及实施错时上下班和弹性工作时间等措施，科学引导和调控城市交通需求的增长，合理配置城市交通资源，调整交通需求在时间、空间和不同交通方式中的分配，提高交通资源的利用效率，从而达到缓解城市交通拥堵的目的。交通需求管理具有投资小、见效快的特点，从20世纪60年代提出以来，在世界许多城市得到了广泛应用，对缓解城市交通拥堵问题起到了重要作用。

第四，建设功能完善的城市综合交通体系。国际城市在城市交通发展过程中十分注重对不同交通方式的统筹规划和一体化建设，充分发挥不同交通方式的比较优势和综合交通体系的组合效率。按照以人为本的服务理念和系统最优的建设思路，科学编制和实施城市综合交通体系规划；加快建设运转高效的城市综合客运枢纽，促进不同交通方式的有效衔接；努力改善步行、自行车的出行环境，解决社会公众“最后一公里”的出行问题；统筹区域交通协调发展，促进城市、城际交通的一体化整合；建立综合高效的城市交通管理体制，为城市综合交通体系建设提供体制保障，提高城市交通的管理效率。

第五，提高城市交通智能化管理水平。在交通拥堵治理中，采用先进的智能交通管理技术，充分运用城市智能交通系统的运行监测、协调联控、应急指挥等功能，提高城市交通管理水平和交通运行效率，是发达国家的普遍做法和经验。国际上一些城市建立了交通、警察、医疗卫生及消防等多部门联合办公机制，并以城市轨道交通指挥中心为基础，构建了综合交通控制中心，整合了轨道交通、地面公交等多系统信息，能够实时监测交通状况、开展应急调度指挥、发布交通预警和事故信息并提供实时出行信息服务，有效地缓解了城市交通拥堵。

第六，加强城市交通文化建设。国际城市交通发展经验表明，通过加强宣传教育等手段，提高社会公众的交通参与意识和文明素质，对于改善道路交通秩序，提高交通运行效率具有重要作用。发达国家城市积极开展多种形式的宣传教育活动和群众性文化活动，营造文明交通舆论氛围。同时，大力加强公众绿色交通意识教育，鼓励市民选择城市公共交通、步行、自行车等绿色交通方式出行，以达到提高交通资源利用效率，缓解交通拥堵的目的。此外，许多国家政府非常重视对驾驶员的教育工作，以提高其交通文明素质与安全意识，规范驾驶行为，营造良好的道路交通秩序。

为便于各有关方面更好地学习和借鉴国际城市交通拥堵治理经验，有针对性地制定相关政策措施，提高我国城市交通拥堵治理工作成效，在上篇汇编分析国内外 12 个主要城市交通拥堵治理典型案例的基础上，本书下篇围绕城市交通发展的关键问题，从强化交通规划引领、优先发展城市公共交通、推行交通需求管理、构建城市综合交通体系、建设城市智能交通系统、加强城市交通文化建设方面，对国内外城市交通拥堵治理经验进行了系统归纳和梳理，以便更好地为各地开展城市交通拥堵治理工作提供参考。

第十三章　强化交通规划引领

城市规划是对城市发展的整体安排和系统谋划,具有较强的综合性、政策性与前瞻性,是城市建设与发展的"龙头"。在我国许多城市,由于城市规划理念和相关规划制度相对滞后,城市规划和城市交通规划编制不规范,落实不到位,许多城市普遍形成了城市功能过度集中的单中心城市形态和功能单一的土地利用结构,城市发展和交通发展缺乏协调,导致城市中心区人口数量、经济规模、建筑总量和交通强度不断攀升,交通需求无序增加,交通分布极不均衡,"潮汐"交通现象普遍。同时,由于居民居住地与就业、上学、就医、娱乐等主要出行场所之间缺乏有效的整合,导致出行距离扩大,对机动化出行方式的依赖日益增强,成为城市交通拥堵的根源之一。

科学编制城市规划和城市交通规划是优化城市功能布局,统筹各种交通方式协调发展的重要保障,可以从源头上降低城市交通需求总量,缓解城市交通拥堵压力。许多国际大城市十分重视发挥规划的引领作用,制定了科学完善的城市交通规划体系,并针对城市交通规划编制、实施等过程建立了规范的管理制度和协调机制,保障了城市交通规划的实施,为缓解城市交通拥堵起到了重要作用。

一、提升城市交通规划的地位和作用

为从根本上缓解城市交通拥堵压力,发达国家城市十分重视城市交通规划编制工作,强调从经济社会发展全局和城市发展战略的高度编制城市交通发展规划,将城市交通规划纳入城市总体规划,全面提高城市交通规划的地位和作用,并将城市交通规划纳入法制化管理轨道,作为政府法定职责进行固化,确保城市交通与城市发展的良性互动。

新加坡陆路交通局 2008 年 3 月出版了《新加坡陆路交通总体规划》,详尽阐述了未来 10 ~ 15 年新加坡陆路交通系统的政策与发展策略,其中优先发展公共交通、实施高效的道路交通管理、满足不同群体出行需求是三大核心内容,旨在打造一个以人为本的陆路交通系统,以支持新加坡成为充满活力、宜居的国际化城市。新加坡在规划层面上将公共交通与城市总体规划紧密结合,形成了由"放射状"大容量公共交通系统支撑的"串珠式"卫星城体系规划,确立了公共交通在引导城市发展中的重要地位。此外,新加坡在道路系统总里程增长缓慢的情况下,非常注重优化路网结构的功能配置,使城市道路微循环系统能有效地对交通流量进行疏散,同时为公共汽电车线网的布设和优化创造了良好的基础条件。

加拿大温哥华地区于 1996 年通过了面向 21 世纪的《宜居区域战略规划》,旨在通过统筹协调土地利用规划和交通规划来实现城市的可持续发展。该规划明确了与公共交通相关的两个策略:一是发展紧凑型城市,将城市未来的发展主要集中在现有市区中,支持社区容纳中、高密度居住区,从而使得人们能够就近工作和居住,并能够更好地利用公共交通系统和社区服务设施,避免城市无序蔓延;二是增加可选择的交通方式,鼓励人们使用公共交通系统,从而降低对私人小汽车的依赖。该规划明确了城市交通发展的关注对象,按照关注程度依次是步行、自行车、公共交通系统、货物交通,最后是私人小汽车,真正体现了以人为本的核心理念。在《宜居区域战略规划》的引领下,温哥华的城市环境得到了根本性提升,温哥华也因此被评为"全球最适宜生活城市"。

日本东京 1977 年实施了《第三次全国综合开发计划》,结合城市发展的实际情况制定了以发展区域轨道交通网络为主、公共汽电车为辅的城市公共交通发展目标,提出要着重提高公共交通的整体服务水平,建立高效发达的公共交通网络和换乘便捷的城市交通换乘枢纽及配套设施,全面改善城市公共交通发展环境,鼓励市民采用公共交通方式出行。目前,东京已成为世界上公共交通系统最为发达的城市之一,尤其是其庞大而完善的轨道交通网络,为促进城市的健康持续发展提供了有力的支撑。

英国政府在《交通运输规划政策指南》中规定了交通发展与土地利用的一体化规划方法,规定在城市新区开发规划阶段,地方政府应当通过交通相关开发项目的总体布局,以及改善步行、自行车、公共交通条件等方式,协调其交通政策与土地开发等其他方面的发展规划。

二、建立以公共交通为导向的城市发展模式

以公共交通为导向的城市发展模式(Transit Oriented Development,简称TOD)是指通过对公共交通沿线及场站周边土地的混合开发和综合利用,形成用地紧凑、功能均衡、环境宜人的城市增长点,以快速、大容量的公共交通走廊引领城市发展方向,促进公共交通服务与城市发展相互配合,形成符合城市公共交通发展的土地利用结构的一种城市发展模式。针对不断显现的城市交通问题,许多国际城市积极创新规划理念,完善城市公共交通规划的编制和实施制度,在城市开发建设时提前规划建设公共交通线路和设施,根据公共交通系统的承载能力来确定合理的土地开发模式和开发强度,充分发挥公共交通对城市发展的引领和带动作用,逐步形成了以公共交通为导向的城市发展模式。

与传统的城市发展模式不同,TOD 模式下公共交通主动引导城市土地利用的发展,促进城市土地利用与交通规划协调发展。TOD 模式具有土地混合开发、建设密度高和空间设计宜人等典型特征:一是多功能、混合型的土地开发模式。TOD 社区采用开发高密度住宅、商业、办公用地,以及配套建设服务、娱乐、教育、体育等公共设施的混合用地模式,使这些不同类型的土地开发集中分布于公共交通沿线,配合良好的步行空间环境设计,方便居民使用公共交通系统,实现城市的集中、紧凑型发展,减少出行次数,缩短出行距离,有效地避免了早晚高峰期的"潮汐"交通现象。二是较高的土地开发密度。高密度、紧凑的土地开发模式便于公众利用公共交通工具出行。研究表明,在与轨道交通车站距离相同时,高密度住宅区的公交出行比例远高于低密度住宅区。三是以步行为核心的空间组织。宜人的街道、舒适的公共空间、建筑尺度的多样性、与公交车站之间舒适的步行空间、与公共交通场站便捷连通,这些都有利于提高公共交通的吸引力。

瑞典斯德哥尔摩在早期城市规划时采取了以公共交通为导向的城市发展模式,明确了城市发展以原有市区为中心,同时规划了若干卫星城环绕其周围,这些卫星城由轨道系统与中心城区相连。斯德哥尔摩的地铁线与最

早的卫星城同步建设,城市重要的功能区都集中在地铁沿线和地铁场站周边。从20世纪50年代开始一直到21世纪,城市管理者一直保持并发扬了这种规划思想,将斯德哥尔摩建设成为以轨道交通为骨架,以完善的公共汽电车网络为支撑的国际型城市。

丹麦哥本哈根根据自身的特点,提出了富有远见的城市发展规划。该规划明确要求城市要沿着几条狭窄的走廊向外发展,走廊间由限制开发的绿楔(公共绿地)隔开,同时维持原有中心城区的功能。轨道交通系统采用了放射形的发展模式,所支撑的交通走廊从中心城区向外辐射,形成手掌型的发展形态。政府规定轨道交通系统的建设要先于或是与沿线土地开发同时进行,城市规划要求土地开发必须集中在轨道交通枢纽和场站周围,较好地满足居民的出行需求。

新加坡的城市布局总体上呈多中心、组团式格局,大多数的新城围绕轨道交通建设。新加坡根据城市规划,在传统的南部商业中心之外的西部、北部、东部各发展一个卫星城,配套建设了完善的基础设施,功能齐全,可以充分满足卫星城内居民工作、娱乐、体闲、购物等需要。轨道交通及公共汽车将新城与新城之间、新城与中央商业区及工业园之间紧密连接起来。在大容量公共交通系统站点周围进行高密度开发是新加坡城市发展的特点。在新加坡,所有的居住区、商业区、工业区都临近公共交通站点,距离都在步行范围内,为人们选择公共交通出行提供了便利,而这种选择又使人们将公交站点,特别是轨道交通站点作为自己居住、工作和购物的首选地点,进一步带动了站点周围的开发和地价上涨,整个城市的发展也逐渐形成了以公共交通为导向的局面。在城市规划的引导下,新加坡城市的发展正如TOD理念所设想的那样,像是一条项链,其诸多高密度、多功能开发的新城,以及商业区、工业园是项链上的各式各样的珍珠,这些珍珠由公共交通系统这条项链联系起来,形成了一个高效运转的公交都市。

我国香港特区政府也始终坚持将城市交通作为城市规划的一个子系统来通盘考虑,在20世纪60年代初就确定了“以轨道交通为主,改善道路系统,提高道路系统经济性”的指导方针,极大地减少了道路建设的重复施工,节省了道路使用面积,提高了道路交通流量。香港约有45%的人口居住在距离地铁站仅500米的范围内，而在九龙、新九龙以及香港岛该比例更是高达65%。自20世纪80年代开始，香港的公共交通承担着80%以上的客流量。香港通过优先发展以轨道交通为骨干的公共交通系统，实现了城市交通的高效运转。

三、强化土地利用和城市交通的一体化规划

为从根本上解决城市交通拥堵问题，许多发达国家在城市规划过程中十分重视城市交通系统与土地利用的协调发展，在城市总体规划或城市土地利用规划，以及城市新区、新城的规划建设过程中，十分强调土地利用与城市交通的协调，积极鼓励多功能、混合开发建设模式，促进就业、居住、商业等多种功能的合理集中布局和相互平衡，从源头上降低交通需求强度，实现了城市交通由传统的“被动适应型”向“主动诱导型”转变，提高了交通设施周边的土地利用效率，降低了居民的出行成本，同时可多渠道筹集交通建设和运营资金，改善城市交通环境。

巴西库里蒂巴在1965年制定的城市规划方案中确立了城市土地利用必须与城市交通的发展相协调和统一的原则，并一直坚持按此原则发展，具体见专栏13-1。

专栏13-1　库里蒂巴的城市规划要点

公共交通系统以土地利用、道路系统和公共交通三个要素的关系作为公交系统乃至整个综合交通系统发展的基础，以使交通需求适应社会经济和城市的发展。1965年库里蒂巴市的规划方案将城市设计为线性发展模式，主要有以下几个特点：一是将原市中心区边缘部分设计为各条道路的终结点，不仅保留了中心区原有的面貌，而且成为免受汽车干扰的步行区；二是在新的方案中，城市的发展沿着设定好的若干轴线走廊展开，轴线走廊两侧为高密度开发的多功能商业区和住宅区，土地使用密度在轴线道路两侧最高，随着用地与轴线

道路间距离的增加，土地使用密度逐渐降低；三是城市交通主要由公交网络来承担，公交网络则由沿轴线道路行驶的大型快速巴士线、交叉连接各轴线的区域间巴士线及主要服务于低密度地区的接驳巴士线组成。

为配合规划设计中城市线性土地利用模式，库里蒂巴在城市交通方面经过不断摸索和改进，形成了独具特色的道路、公交体系。其主要轴线道路共有三个部分：一条快速巴士线和两条直达特快巴士线。其中快速巴士线由中间双向快速巴士专用线和两侧的普通公共汽车线组成，是位于中央的快速通道。直达特快巴士线与快速巴士线相平行，分别位于快速巴士线相邻街区的另一侧，直达特快巴士线单向行驶。这种道路系统所形成城市环境具有高密度和混合使用的特点。在城市主要轴线道路，即公交快车路线的两侧是高密度高层建筑，一般底部两层为商店，上部为住房或办公设施；轴线道路以外的步行范围都是住宅区，住宅区的建筑密度随着其与轴线道路之间距离的增加而降低。这样的布局一方面方便城市居民使用公共交通，与此同时，公交的使用率也得到了很好的保证，形成了良性循环。

新加坡非常注重对土地、新城及交通系统进行统一整合，于 1971 年提出了新加坡的第一个概念规划。这一概念规划提出了新加坡城市规划最重要和最基本的原则，即土地利用和交通规划必须始终是一个统一的综合体。为此，新加坡采取了城市组团与土地混合开发的发展模式，政府通过经济和行政等手段，将大量的土地所有权收为国有，为公共交通预留了充分的发展余地，并实施严格的控制，使其按照法定的规划程序进行开发，有效地保障了土地利用与交通运输、环境保护等的协调发展。

欧盟交通委员会十分重视交通与土地利用的有机结合，在其《面向可持续的城市交通政策》中提出：“城市政府必须严格制定城市交通规划，以提高交通的安全性、可持续性和城市综合竞争力，从而提高人民的生活质量。”其主要措施包括:加强规划力度,通过规划增强城市综合功能和开发程度。加强交通规划特别是公共交通规划与城市经济发展政策、环境政策、旅游规划、社会福利、教育等政策的协调,尤其重视土地利用规划在实现城市可持续交通发展中的关键作用。

四、加强城市交通规划的实施管理

国外城市交通发展水平较高的城市在重视城市交通规划编制的同时,十分重视加强对城市交通规划实施过程的管理,通过建立完善的规划落实协调机制和监管制度,规范规划的实施程序,对规划的调整和修编进行严格管理,确保规划落实到位。

新加坡建立了规范的城市规划和交通规划的实施管理制度,充分利用信息技术等手段加强对规划实施过程的监管,有力地保障了规划的有效实施,具体见专栏 13-2。

专栏 13-2　新加坡城市规划的实施管理

1995 年,新加坡将若干与交通有关的政府部门合并统一为新加坡陆路交通管理局,负责统一规划和管理城市交通。陆路交通管理局以提供世界级的城市交通系统为宗旨,进一步强化了城市交通规划的编制和管理。国家负责工业园区及高层公建住宅区的建设,同时也向私人出租土地用于商业、住宅以及娱乐设施的开发和建设。规划的主管部门是市区重建局,市区重建局有法律授予的规划、管理以及征收发展费的权力,在法定的总体规划指导下实施规划管理。新加坡的 55 个分区都制定了开发指导规划,该规划以土地使用和交通规划为核心,根据概念规划的原则和目标,制定土地用途、发展密度、高度、交通组织、环境改善、历史保护和开发等方面的开发指导细则和控制指标。

新加坡的城市规划管理体系是由规划法令规定的一套严格的法制系统。尽管经过多年发展，规划的地铁线路周边的土地利用性质很少发生变化，有力地保障了公共交通和土地利用的协调发展。采取的主要措施有：一是运用经济手段和行政手段调控土地利用和转让。对于任何批准的开发计划，如果开发计划的容积率超出总体规划的容积率、开发计划的人口容积率超出总体规划的最高规定、开发计划牵涉建筑及土地用途的更改，造成地价增值，必须向市区重建局缴纳发展费，充分保障了规划的落实。二是运用信息技术加强规划的管理。可靠、准确的数据是实施规划管理的重要依据。新加坡十分注重土地利用信息和发展数据的采集，及时跟踪城市形态的发展进程，并对规划实施过程进行分析，同时，还运用信息技术开发了城市规划的管理信息系统，以提高规划的管理效率和监督力度。三是严格的规划执法。对于违反规划进行土地开发的行为，新加坡制定了严厉的处罚规定，违法者必须缴纳罚款或被监禁，有的还会受到更加严厉的处罚。

五、实施城市交通影响评价制度

交通影响评价（Traffic Impact Analysis）通过对城市建设项目与交通需求之间的关系进行研究，分析项目对城市交通的影响范围和影响程度，进而确定相应的对策或修改方案，实施补偿措施，以减小项目建设对城市交通的影响。交通影响评价是协调土地开发规划以及改善交通组织与交通管理环节的重要手段，可以从源头上最大限度地减轻建设项目对城市交通的影响，缓解城市交通拥堵。国际上许多城市都非常重视对重大建设项目实施交通影响评价制度，并建立了完善的交通影响评价标准和实施办法，规范交通影响评价的实施程序，确保交通影响评价制度有效落实。建立重大项目交通影响评价制度，关键是加强城市控制性详细规划和项目建设两个阶段的交通影响评价。在城市控制性详细规划编制阶段，增加开展交通专项规划的强制性要求，将地块交通设施容量作为确定用地开发容积率的重要控制条件；在项目建设阶段，完善城市建设项目的交通影响评价制度，将评价结论作为项目前期规划审批或开工建设的前置性条件。

交通影响评价起源于美国，20 世纪 40 ~ 80 年代，美国城市的高速发展使得交通基础设施建设资金筹措越来越困难，高速发展地区开始探讨由开发商负担交通基础设施建设资金的可能性。在这种背景下交通影响评价被逐步提出，通过预测项目建成后交通环境的变化，确定是否由开发商负担与开发影响相匹配的交通设施建设费用，或者让开发商修改项目开发计划，将交通影响降至最低。1986 年 3 月针对用地开发对交通系统的负面影响，美国交通工程师学会召开了有关土地利用与交通的专门会议，第一次着重强调了重大建设项目交通影响的重要性。1988 年美国交通工程师学会发布第一份交通影响评价总结报告，向全美国推荐建设项目交通影响评价的内容与方法，标志着美国交通影响评价制度的形成。其后美国多个州运输部和城市在该报告的基础上出台了地方指南和法规。美国交通影响评价一般由地方政府根据法规，责成开发商提供交通影响评价报告，开发商多聘用咨询公司进行交通影响评价，向地方政府提交交通影响评价报告书，由地方土地规划部门、交通规划或交通工程部门和委员会审查批准。总的来说，美国的交通影响评价制度已经基本建立了一套完善的方法和理论体系。

日本于 1999 年 8 月颁布《大规模开发地区关联交通规划手册》，制定了建设项目交通影响评价的完整程序。2000 年 6 月颁布实施《大规模零售店铺立地法》，规定对面积 1 公顷以上的店铺进行交通影响评价，从法律角度确定了交通影响评价的地位，充分体现了公众参与度，缓解了新建重大基础设施对现阶段交通量较大地区的新增交通压力。

英国公路与交通工程协会于 1994 年发布了交通影响评价指南，规定一般区域的新建项目新增交通量超过邻接主要干道现有交通量的 10% 或既有交通拥堵区新建项目新增交通量超过邻接主要干道现有交通量的 5% 时，须改进规划，编制交通影响评价报告。英国在进行建设项目交通影响评价时一般采用网络分析软件，在交通预测和分析方面积累了较好的经验。

香港城市建设项目交通影响评价由香港运输署负责审核。1997 年 10

月香港运输署发布了《交通影响评价指引和要求》,确定了交通影响评价的范围和要求,以评价开发项目对周边交通的影响并推荐交通改进措施。香港建设项目交通影响评价内容较全面,实践性很强,便于工程技术人员在技术分析中找到交通症结,提出解决方法,也便于审批机关在审批开发时,对是否可以开发作出直接的判断和界定。

北京市于2002年1月1日颁布实施了《北京市建设项目交通影响评价准则和要求》,规定了市区内建筑规模超过2万平方米的大型公建项目和超过5万平方米的居住类项目、边缘地区建筑规模超过5万平方米的大型公建项目和超过10万平方米的居住类项目、交通枢纽和大型停车场等必须进行交通影响评价,并对交通影响评价报告的编制准则和要求、交通影响评价的实施、交通咨询单位的资质提出了具体要求,其侧重点在于制定切合实际的改进措施,尽可能减少建设项目对外部交通所产生的影响,明确界定开发商对此影响所应承担的市政设施义务。

上海市于2006年制定了《上海市建设项目交通影响评价规划管理暂行规定》,对交通影响评价的区域范围、管理分工、评价依据、时限要求等进行了规定,在深入分析土地利用和交通发展互动关系基础上提出了基于"用地反馈"的交通影响评价思路。

浙江省于2007年7月印发《浙江省建设工程交通影响评价技术导则》,规定了城市大型交通设施、人流集中的公共设施、大型居住区和大型公建项目等必须进行交通影响评价,并对交通影响评价的工作要求和审查流程进行了严格规定。

六、树立面向新型城镇化的交通规划新理念

从欧美等发达国家的经验可以看出,在城镇化快速发展的过程中,交通问题始终是一个核心的影响因素,而城镇化快速发展阶段是建立可持续城市交通系统的关键时期,不同的交通发展模式对城市空间布局结构、资源利用、生活方式等产生的影响有显著差异。因此,在城市化快速发展初期,树立与城市经济社会发展条件相适应的交通规划理念,对城市交通发展进行统筹布局和科学调控,对于促进城市和城市交通的协调发展具有重要意义。

当前,我国已进入城镇化快速发展阶段,人口正在加速向以大城市为核心的都市圈聚集,城市群的经济、社会联系和产业统筹日益紧密。推进经济结构战略性调整是加快转变经济发展方式的主攻方向,针对中国经济结构转型的重要思路就是“新型城镇化”。近年来,中国各城市空间规模不断扩大,居民出行距离显著增长。由于公共交通发展滞后,难以满足城市扩展的要求,使得小汽车出行比例快速增长,交通结构持续向个体机动化方向演变。这种趋势与中国传统的紧凑型城市发展模式极不适应,以小汽车为主体的机动化交通模式难以支撑高密度、高强度的交通需求,从而引发日益严重的交通拥堵。

针对新型城镇化的现实需求,创新城市交通规划理念是在我国城镇化快速发展进程中急需解决的重要问题,而优先发展城市公共交通,通过公共交通引导和支撑城市可持续发展,实现公共交通系统的建设同新型城镇化的发展相协调,是面向新型城镇化交通规划新理念的核心内容。在新型城镇化进程中需要更加强调和突出城市公共交通的发展定位,应将其定位为城市重要的社会公益事业,城市社会生产生活最重要的联系纽带,引导城市协调可持续发展的基础支撑等。

第十四章　优先发展城市公共交通

与私人小汽车相比，城市公共交通具有容量大、能耗低、污染小等诸多优势，能有效降低交通运输的社会成本，提高交通设施综合效益，有效缓解道路交通压力，符合节能减排和可持续发展的要求。近年来，随着我国机动车保有量的快速增长，小汽车出行比例迅速上升，而城市公共交通发展相对滞后，大城市公共交通出行分担率仅为10% ~30%，远远低于类似规模的发达国家城市50% ~70%的平均水平。同时，由于在城市快速建设过程中，过多地关注小汽车的出行需求，步行、自行车的道路空间日益萎缩，出行条件不断恶化，出行比例日益下降，进一步刺激了小汽车的出行需求，导致城市道路交通压力过大，交通拥堵不断加剧。

世界各国的经验表明，解决城市交通拥堵问题，必须充分发挥城市公共交通的主体作用，从立法、资金、土地、路权等方面加大对城市公共交通发展的支持力度，努力提高城市公共交通的服务能力和服务品质，提高公共交通出行分担率，降低城市道路交通压力。

一、加强城市公共交通法规体系建设

通过立法保障城市公共交通优先发展是国际大多数城市的通行做法。国际城市在城市公交立法方面的主要做法和经验有：一是高度重视城市公共交通的立法工作，建立了国家层面和地方层面相互协调的公共交通法律法规体系，将城市公共交通发展纳入规范化、法制化轨道。二是立法明确政府的主导责任。通过立法把发展城市公共交通放在重要位置，并在此基础上界定了各相关主体的责任，包括政府在属性定位、财政政策、城市规划、用地保障、设施建设、交通管理等方面的主导责任。三是立法规范公交企业的经营行为。公共交通运营企业是城市公共交通的经营主体，许多国家和地区的法规都将规范企业的经营行为作为立法的重要内容，对企业经营的关键制度进行明确。四是立法保障乘客的合法权益。将乘客的权利与义务作为重要内容加以规定,其中特别强调保障乘客的合法权益。同时特别重视保障弱势群体的权益,要求政府必须建设公共交通无障碍设施,为老年人、残疾人等弱势群体提供便利的公共交通出行服务。五是立法保障公共交通的运营安全和服务水平。通过立法对各相关主体的安全管理职责、车辆技术条件、场站设施、应急安保设施等进行了明确规定和要求,保障公共交通安全。此外,国外城市在公交立法中普遍建立了完善的公交服务质量管理制度和监督机制,对公交企业的软、硬件环境提出了明确要求,督促企业不断提升公共交通服务水平。

美国联邦政府1964年通过了《城市公共交通法》,承诺提供拨款资助各地区规划项目,最高数额可达项目总费用的2/3,目的是维护已有的公共交通系统,并改善和扩大其服务;1970年通过了《城市公共交通扶持法》,明确规定公共交通具有道路专用权或优先权;1991年通过了《综合地面交通效率法》,明确要求重视各种交通方式(包括公共交通、小汽车、自行车和步行)的协调和配合,并进一步要求制定州和大都市范围的长期交通规划;1998年通过了《21世纪交通平衡法》,鼓励轨道交通、公共汽车、城市地区低速磁浮技术的研发工作,并确定建立城市公共交通发展专项基金。

法国政府近年来相继颁布了一些与城市公交相关的法律,其中最重要法规是《空气清洁法》和《国家城市振兴协作法》,充分体现了政府在优先发展城市公共交通方面的政策导向作用。其中《国家城市振兴协作法》主要强调城市各项政策的协调配合,包括城市道路空间的合理利用、在道路使用上给予公共交通优先权,并在财政投资方面为公共交通建立稳定的投资渠道等。

英国高度重视公共交通相关法律法规体系建设,明确城市公共交通发展战略是城市公共交通管理部门的法定义务,并规范了公共交通企业的经营行为,保障乘客的合法权益,建立公共交通运营安全、服务水平及服务监管制度等,促进了城市公共交通的规范化和制度化发展。公共交通相关的主要法律有《1985年交通法案》、《2000年交通法案》、2001年颁布的《新质量鼓励承包法》、《2002年交通法案》、《2008年交通运输法案》等。

二、积极发展快速大容量公共交通系统

与其他城市客运交通方式相比，城市轨道交通具有运量大、速度快、准点率高以及安全性好等特点，对于缓解城市交通拥堵具有重要作用。此外，轨道交通是影响城市用地形态和城市发展模式的重要因素，能引导沿线的土地开发向高密度、高强度、集约化方向发展，避免小汽车的过度使用带来的城市低密度、蔓延、扩张式的发展模式。大力发展城市轨道交通已成为许多国际大城市解决城市交通拥堵问题的重要手段。

东京已建成世界上最为庞大的城市轨道交通系统之一，拥有约 120 条地上及地下轨道交通线路，覆盖了城市主要的居住、商业、办公等区域。东京都市圈范围内，有国铁、城铁、地铁、轻轨等轨道交通线路约 2000 公里，承担了城市 80% 的客运量。东京地铁系统运行效率很高，城区内高峰期发车间隔约 2.5 分钟，郊区的通勤铁路高峰期发车间隔 6 ~ 8分钟。

香港地铁被誉为全球最杰出的轨道交通系统之一，地铁的规划、设计、运营、维修服务均达到国际先进水平，尤其是在安全性、服务水平、经济效益等方面十分出色。截至 2012 年上半年，香港地铁日均客运量超过 370 万人次，同比增长 4.4%，以每公里地铁线路的年均载客量计算，香港超过 5 万人次，远高于东京、伦敦等其他国际城市。香港地铁是世界上最繁忙的轨道交通系统之一，也是世界上运行效率最高的地铁系统之一，为维持香港城市交通系统的高效运转起到了重要的支撑作用。

轨道交通也是巴黎最重要的城市交通方式，在城市交通系统中发挥着骨干作用。巴黎共有 14 条地铁线路，全长 200 多公里，日均客流 600 多万人次。100 多个地铁换乘站是连接不同线路的枢纽，使各条线路相互沟通，形成统一的网络，从城区的任何一点到达地铁站不超过 500 米。同时，巴黎的市郊快速铁路非常发达，5 条线路总长 360 多公里，成为横穿巴黎市区并覆盖东西、南北郊区的大动脉，也是连接郊区与城区的重要通道。

快速公交系统（Bus Rapid Transit，简称 BRT）是一种介于轨道交通和公共汽电车之间的城市客运系统，它利用新型、大容量公共汽车车辆和智能交通信息技术，在城市道路上运行，通过开辟公交专用道、设置专用信号获得

一定的优先通行权，实现类似于轨道交通的运营服务，大大提高了城市公共交通系统的服务能力。相对于轨道交通系统来说，快速公交系统具有造价低、维修费用低、建设周期短、灵活、环保、易形成网络等特点，能够有效满足快速发展变化的城市交通需求，缓解城市交通拥堵。

巴西库里蒂巴的城市发展由快速公交系统支撑的公交走廊引导，呈现单中心、放射状、轴向、带形布局模式。库里蒂巴的快速公交系统承担了城市交通主骨架的作用，通过基于快速公交系统引导下的城市规划和公共交通体系规划，以及科学的公共交通管理制度，成功地塑造了理想的城市空间结构和城市交通结构。尽管库里蒂巴是巴西私人小汽车平均拥有率较高的城市之一，但是小汽车使用率并不高，通勤出行中75%使用公共交通，成为发展中国家城市中成功构建公交都市的典范。

哥伦比亚的波哥大为了改善城市交通状况，在中央政府和私营企业的支持下，制定了一个整体化交通发展战略，鼓励非机动化交通出行，减少私人小汽车的使用，建设了高效的城市公交系统，详见专栏14-1。

专栏14-1　波哥大的快速公交系统

波哥大新世纪快速公交系统于2000年12月建成开通了第一阶段42公里中的一段线路，长15公里。到2006年10月，共有长达85公里的快速公交线路建成投入运营，第三阶段的38公里于2008年年底建成并投入使用。波哥大规划快速公交系统共有22条专用道，总长为388公里，服务范围覆盖波哥大首都地区85%的区域。快速公交系统由主干线和支线组成。主干线使用专用道，有快车线和常规线两种，快车线只在指定的车站停车，常规线则在沿线所有车站停车，与主干线相互衔接，形成一体化的服务网络。

波哥大的快速公交系统实施后效果显著，每辆公共汽车每天平均运送乘客约1600人次，比该市传统公共汽车高5倍。快速公交车辆运营速度大幅提升，乘客出行时间平均缩短32%；交通事故死亡人数下降89%,受伤人数下降83%;指定的空气质量监测站测得的数据表明,空气污染程度也显著改善。另外,其科学合理的票价充分考虑了乘客的承受能力和企业的经营成本,基本不需要财政补贴。

加拿大渥太华1974年通过了一项城市发展规划方案,确立了快速公交系统的主导地位,将渥太华市中心作为商业、办公和文化的主中心,并规划了若干个一级、二级"卫星城",环线以外的地区则按市场规律发展。该规划明确提出,快速公交系统是实现这种城市发展模式最主要的手段。渥太华的快速公交系统被认为是北美运营效率最高的快速公交系统,日运送旅客20万人次,即使在城市中心受地面混合交通方式的限制,该系统在高峰小时还是能够达到单向运送乘客近万人次。渥太华快速公交规划的特点是该规划注重整个系统的发展,而不是仅仅在交通非常拥堵的地区对部分路段公交进行重点投资和发展,确保了城市公交系统的整体效益。

澳大利亚布里斯班的东南巴士专用道于2001年投入运营,东北巴士专用道于2003年运营。这种巴士专用道的路权表现为公交专用路或是隔离的公交专用道两种形式,专用车道总长度达19公里。系统配有环境良好、设施完备的专用站台。布里斯班并没有专用的快速公交车辆,采用的是长12米或18米的普通公交车,以柴油或天然气为燃料,车辆有2个车门,采用左侧开门。东南巴士专用道投入运行以后的前6个月,与前一年相比同样线路的乘坐率提高了12%,中心区的乘客量上升了45%。到2008年,该系统单向高峰小时载客量为6500人次,市中心高峰时段平均运营车速为29公里/小时,市中心高峰时段单向每小时发车175辆。

三、大力加强公共交通基础设施建设

城市公共交通场站、枢纽等基础设施是城市公共交通系统的重要组成部分,是公共交通正常运营的基础条件。国外发达国家在城市开发建设的同时十分重视城市公共交通基础设施建设,建立了完善的基础设施建设标准规范及管理制度,形成了稳定的公交基础设施投资渠道,有力地保障了基础设施建设的顺利实施。

完善城市公共交通基础设施，加快换乘枢纽、调度中心、停车场、维修保养场、首末站以及停靠站的建设，是保障公共交通运营服务的必要条件。在我国香港特别行政区，居住小区公交场站的配套建设实行政府主导的强制推行模式。此外，政府还从土地出让金中按比例提取城建配套资金，用于居住小区公共交通场站的配套建设，为小区统一修建了公交场站，政府拥有产权，并将公交场站等基础设施通过低价租赁等方式供公交运营企业使用。

新加坡十分重视公共交通场站的建设，通过科学规划、加大投入、加强监管等多种手段，不断加大公共交通场站设施的建设力度。新加坡政府负责对公共汽电车基础设施的投资建设，包括公交枢纽、站点、公交专用道、公交信号及其他公交优先的保障设施等，并提供公共交通企业无偿使用。同时政府还对轨道交通的线路、车站、控制中心、换乘场站等设施建设进行资助，而对于第二批运营设备（在第一批使用期满以后的装备）的购置费，运营公司只需要支付与第一批购置价格相同数额的成本，其他增加的成本由政府支付。为拓宽资金来源渠道，自 1995 年以来，新加坡公交企业开始获得公共汽车的广告权。作为交换，这些企业负责建设和维护新的公共汽车站点。而在偏远地区，由于广告公司缺乏投资的积极性，便由政府负责建设和维护公共汽车场站。

深圳市大力加强公共交通基础设施建，改善居民乘车和换乘环境，在候车区新建公交候车亭，截至 2012 年年底，全市共有公交候车亭 1509 座，基本实现原特区内全覆盖。2012 年深圳市出台的《深圳市城市交通白皮书》进一步强调要加快各类客运枢纽和公交接驳场站、常规公交场站、公交停靠站等设施建设，规定新建道路一律按照高标准同步建设公交停靠站，有条件的道路增加港湾式、深港湾式公交停靠站。

成都市在落实公交优先发展政策过程中不仅注重公共交通基础设施硬件建设，同时非常注重公共交通基础设施的综合利用。2012 年成都首个公交场站综合体（德源公交场站综合体）建成，公交场站集购物、餐饮、影院等综合业态为一体，市民通过便利的公共交通服务，能够享受到优质的商业服务和文化生活乐趣，同时也减轻了城市交通负担，丰富了区域商业结构。

四、全面提升公共交通服务品质和吸引力

坚持以人为本、以需求为导向，努力为社会公众提供优质、高效、人性化的公共交通服务，提高城市公共交通系统的竞争力和吸引力，是发达国家城市公共交通发展始终遵循的经营理念。为此，需要从提高基础设施建设水平、保障路权优先、提高信息化服务等方面采取切实措施。

德国城市十分重视为公众提供多元化的公共交通服务，主要采取了延伸公交服务、开展特色公交服务等措施。

专栏 14-2　德国德累斯顿的多元化公交服务

在延伸公交服务方面，德国德累斯顿公共交通全天24小时运营，在偏远站点还提供了出租汽车服务，且出租汽车服务不再另收取费用。在提供特色公交服务方面，在德累斯顿，自行车、婴儿车和助残车等都可以搬上公共交通车辆，在车厢最靠近车门的地方设置了足够的空间供这些特殊车辆停放。在人性化服务方面，德累斯顿的公交车绝大部分都是低地板车辆，而且这些车辆停靠站点时都具有向站点方向倾斜功能，以便于乘客上下车。同时，通过采用先进的信息调度技术，监控中心可以实时告知公交驾驶员与规定时间的偏差，便于驾驶员调整车速以修正到站时间，提高车辆准点率。站点可以显示时间，使乘客方便地了解所乘车辆的运行情况。在换乘衔接方面，大部分换乘枢纽距离短，甚至是原地换乘，从而吸引了更多的人使用公共交通。在公共交通车辆信号优先方面，德累斯顿大部分有轨电车具有信号优先通行权，同时兼顾其他方式乘客的协同功能，以保证来自各个方向的乘客可以方便地乘坐公交车。

新加坡95%以上的公共汽车都装有空调，并安装了较宽的车门，很多车辆都设计了较低的底盘，可以水平上下客，提高了上下车的速度，许多公共汽车上配有轮椅固定器以方便残疾人乘车。在公共汽车的入口和出口装有

自动检票机、车门关闭报警器和联锁装置等。新加坡公共汽车的法定使用期限是15年,同时规定,每6个月进行一次全面严格的检查,以确保安全和优质服务。1975年,为吸引小汽车使用者尽量使用公共交通,新加坡巴士公司在私人居住区的高峰小时采用单一收费方式,提供快速直达公交服务("蓝箭"式服务)。

五、切实保障公共交通车辆优先通行

公交专用道和公交优先通行信号是提高城市公交运行效率最直接、最有效的途径之一。为提高城市公共汽电车的运营效率和服务质量,发达国家城市高度重视公交专用道和公交优先通行信号的应用,将其作为提升城市公交服务水平和公交吸引力的重要手段,在城市道路的规划和建设中提前规划公交专用道和公交优先通行信号设施,并积极促进网络化发展,有力地提升了城市公共交通的竞争力和吸引力。

韩国首尔将修建中央公交专用道作为公交改革的主要内容之一,在主城区的8条主干道上设有公交专用道,而中央公交专用道主要分布在首尔市中心区对外的放射型通勤交通走廊上。公交专用道分两种:一种以蓝色线条区分,为分时段专用道;一种为红色路面,为固定专用道。开设这种公交专用道后,公交车辆行驶速度提高了18%以上,乘客数量增加了15%~38%。

新加坡也十分重视保障公共交通的优先通行权,大力加强公交专用道的建设,从1974年开始,新加坡建成了110多公里的公交专用道。新加坡公交专用道设置的标准是:每小时至少有50辆公共汽车使用该道路,并且该道路上至少每个方向有3个车道。此外,在公交专用道上还需要设置一些隔离或警示标志设施以减少转弯车辆和出租汽车上下客的影响,同时还要加强对路边停车的管理。据调查,公交专用道使公共汽车平均速度提高了约15%。

英国伦敦自1993年开始建设公交专用道,伦敦市区内的大部分主干道和次干道上均设置有公交专用车道,许多只有3条车道的道路上也设置有公交专用道。有的路段即使是单行道,也设置了"逆向公交车道",充分体现了公交车辆的优先通行权。在加快建设公交专用道的同时,伦敦充分利用公交车载视频监控设施、道路监控设备等信息技术手段,加强对公交专用道使用过程的监管。

20 世纪 70 年代初,由于私家车急剧增加,法国巴黎设置了 480 多条全天使用的公共汽车专用道,取得了显著效果,公共汽车的运营服务质量显著提高,运营速度提高了 20% ~30% ,油耗节省了 6% ~7% ,并减少了 20% ~40% 的废气排放。

六、加大城市公共交通资金投入力度

发达国家和地区普遍重视对城市公共交通的投入,在城市公共交通扶持政策上,建立了稳定的公共交通资金投入机制,资金来源包括政府公共财政预算、城市交通相关税费、公交设施用地综合开发所得收益,以及城市交通管理过程中收取的停车费、拥堵费等。同时,发达国家普遍建立了国家和地方对于公共交通的联合投入机制,保障了城市公共交通的可持续发展。

伦敦市政府对城市公共交通企业的专项资金支持主要包括:一是对于偏远地区一些特定的不以赢利为目的的"公益性"公交线路,政府通过服务质量招投标方式授予企业负责经营,并给予运营经费资助。二是对于特定人群的乘车优惠补助。2007 年颁布实施的《优惠巴士出行法案》规定,从 2008 年 4 月起,60 岁以上老人和残疾人可以在非高峰时段在全国范围内免费乘坐公共交通车辆,地方政府对此予以专项资金补偿。三是对公交企业的燃油消耗给予资金补助。英国运输部对于地方公交企业按照燃油消耗量给予一定比例的资金补助,平均补助水平是一升柴油补助 49 便士,约占油价的 40% 。四是伦敦市政府根据相关法律规定,通过服务质量奖励的方式给予服务较好的公交企业一定比例的资金奖励。此外,考虑到伦敦市的特殊性,英国运输部每年对伦敦市公共交通给予一定额度的资金补助。

巴黎市依据《公共交通法》设立了公共交通税,对在公共交通服务范围内职工人数超过 9 人的公营和私营企业(非公共交通企业),均需按工资总额提取 1.2% ~2% 的公共交通税。政府管理部门在一定上限内决定税率,从而保证公共交通发展有可靠的资金来源,需要交税的雇主所在区域由最初的巴黎及城内区域扩充到 1991 年的整个巴黎大区。公共交通税收的

90%以上用于支付公共交通企业的运营成本,剩余部分用于各项公共投资支出。公共交通税征收后,由巴黎交通管理委员会每月分配给公共交通公司、轨道交通公司等交通企业,成为巴黎公共交通运营企业弥补亏损的重要资金来源。

新加坡通过设立燃油平准基金,应对燃油价格波动对运营企业的影响,扶持城市公共交通发展。自1992年起,新加坡政府要求公共交通运营企业设立专用账户,作为应对短期油价上涨的基金。基金从企业营运收入里提取,每年累积直至达到预定额度,该额度不低于运营企业按照公共交通委员会提出的参考燃油价格计算的一年燃料消耗费用。当实际采购价格低于参考油价时,提取差额部分注入基金;高于参考油价时,可提取基金来缓和燃料价格短时急剧上涨的压力。

美国政府为鼓励和引导公众乘坐公共交通车辆,州、市政府加收了小汽车牌照税、驾驶执照税和停车费,并且在每加仑汽油售价中抽取0.18美元汽油税,其中的0.06美元作为公共交通建设基金。纽约州一年约有28亿美元的交通特定资金来源,其中40%用于道路和桥梁,60%用于公共交通的运行。对本州内进口、销售的全部石油制品收取价格17.7%的机动车燃料税,以及货车质量和运距税、车辆登记费、许可费、通行费等。

七、实施科学合理的公共交通票制票价

总体来看,国际城市公共交通定价调价机制较为系统和完善,能够综合考虑各方面的因素,充分考虑经企业经营成本、财政能力和公众接受程度,并充分发挥市场机制的作用,同时还建立了公共交通票价与企业运营成本、物价水平的联动机制,根据城市经济发展状况、物价水平和劳动工资水平,及时调整公交票价,建立了票价的正常增长机制。国际许多城市还十分重视根据不同类型乘客的需求特点、车辆档次、服务质量、运送距离等建立多层次、差别化的票价体系,形成了科学合理的比价关系,并对公共交通换乘实施票价优惠,从而达到引导出行者长期选择公共交通的目的。

(一)科学规范的定价调价机制

在新加坡,批准公交票价调整的权力不在政府手中,而是由独立的机构——公共交通理事会来评估和管理。公共交通理事会通过科学审查公交公司提出的票价调整建议,使公共交通的社会效益与公司的经济效益达到适度平衡。公共交通理事会规定公交票价的制定必须坚持三个原则:公司的运营收入应能承担其经营成本;必须有可持续的资产置换政策;票价必须是公众可负担的,并且应随着运营成本的增加定期修订和调整。基于这些原则,并以每年经营费用的增加额、消费价格、工资变动指数为参数,公共交通理事会建立了一个经验公式来定期进行票价调整。

香港建立了灵活的公共交通票价调整机制,各公交公司可以自行决定何时提交加价申请,政府也有权启动票价下调机制。政府调整票价考虑的因素主要包括:自上次调整票价以来企业经营成本和收益的变动,对企业未来成本、收益和回报的预测,巴士公司需要得到的合理回报率,市民的接受程度和负担能力,企业的服务质量等。香港运输署每季度通过公式计算票价调整可依据的幅度,既保证企业有合理回报,又尽可能让利于民。

英国自1980年起取消了政府对公共交通服务价格的管制。总体来看,英国城市公共交通的定价、调价机制一般比较灵活,各公交公司拥有较大的自主权,可结合自己的服务区域和服务特点,采取灵活的价格形式,制定各自的运价策略来争取客源。英国的公共交通票价增长幅度总体高于物价水平。2010年伦敦市公共汽车票价的上涨幅度达到12%,地铁票价也上涨了近4%。

(二)灵活多样的票制票价体系

伦敦市的公共交通车票包括一天之内有效的两地往返票、一天之内在一定区域内不限次数乘坐的日票、一周内有效的周票,还有月票、季票、年票和针对学校教师、学生推出的学期票。各种车票的价位各不相同,甚至一天之内不同时间段的票价也不一样,高峰时段的票价较高。

专栏14-3　伦敦的票制票价体系

伦敦市比较典型的有以下几种公共交通票制：

①次票。每次出行独立购票，对于每日出行次数不多的乘客比较实用。

②出行卡。对于每日出行量较多，同时可能采用多种出行方式的乘客而言，出行卡是最好的选择。一张出行卡能够在伦敦市交通局管理范围内的所有公共交通工具使用，享有许多优惠。

③季度卡。对于居民的日常工作出行，可以购买享有更多折扣的季度卡。季度卡可以是某种单一出行方式的卡，也可以是整合不同出行方式的卡。

④往返票。市内公共汽车、长途汽车和火车都有一次性买往返票的优惠。

⑤特殊群体的优惠票价。60岁以上常住居民以及7类残障人士可申领“自由通行证”，免费乘坐公共交通工具，费用由政府补贴。老年人的“自由通行证”有一定的时间限制，周一到周五早高峰时间不能使用，如果老年人此时出行，必须购票。

⑥“牡蛎卡”。(Oyster Card)为提高上车和进站效率，伦敦市交通局推出了一种名为“牡蛎卡”的电子付费卡，在不同时期有一定的优惠。同时，为了鼓励人们避开高峰期出行，高峰小时的票价比平峰时段要高30%～40%。伦敦市各轨道交通站都设有“牡蛎卡”读卡器及配套设施。

德国公共交通在票制上实行了单一票制，乘客从起点到终点只需购买一次车票，即可任意选择各种交通方式出行，前提是乘客需购买相应类别的车票。影响车票价格的因素主要是车票的种类和乘客出行的区间范围。车票按使用人数可分为单人票和团体票两种，按照有效期可分为单程票、日票和长期票三种，这两种分类方法相互组合，构成了公共交通联盟内丰富多样的车票类型。此外,公共交通联盟还推出了优惠的儿童票,针对大型活动推出了会议票,与旅游景点合作推出了门票和公交车票一体的联合票等。德国公共交通联盟根据区域范围将服务范围划分成若干区域,不同区域票价有所不同。

八、规范城市公共交通运营管理

科学、完善的运营管理制度是城市公共交通健康有序发展的重要保障,是政府管理城市公共交通的重要手段。许多国际城市对公共交通多采取政府监控下的公共交通线路或者区域许可经营模式,政府通过授予或招标的法定程序,适当控制进入者的数量和规模,并通过与运营企业签订专营合同或协议等方式,授予企业公交经营权,明确政府和企业之间各自义务。同时,加强城市公共交通市场准入和退出管理,并建立规范的公共交通服务质量考评制度,督促城市公交企业不断改进服务。

(一)建立规范的公共交通经营管理制度

根据 1984 年的伦敦地区交通法案,伦敦市区范围内对公交线路实行经营许可制度,由伦敦公共汽车公司作为受委托方,代表政府对市内的公共汽电车运营进行统一管理。伦敦市交通局为伦敦公共汽车公司提供资金和政策支持。伦敦公共汽车公司的职责主要包括设计运行线路,确定公共汽电车服务等级,以及监督各运营公司的服务质量,管理车站和其他辅助交通设施等。具体的公共汽车运营服务通过招投标委托给各公共交通企业负责。伦敦公共汽车公司通过对各条线路进行招标,选择运营企业,并与中标的企业之间签订委托合同,明确规定所提供的服务内容和要求。中标的运营企业按照合同规定,在伦敦公共汽车公司监管下开展公交运营服务,获得规定的收入。如果企业的服务质量达不到合同规定的要求,将受到伦敦公共汽车公司一系列的警告和处罚,直至取消合同。伦敦公共汽车公司每年对约 1/5 的公交线路进行重新招投标,以淘汰不合格的公共交通企业,更换新的运营企业,并且每年对约 1/2 的路线进行服务评估。各公共交通企业通过投标获得线路经营权以及政府的服务质量奖励。这种做法既保证了公交企业的服务质量,又充分调动了企业的积极性和创造性。

新加坡公共交通采用市场化的运营管理模式,政府只负责投资建设道路及轨道交通等公共交通基础设施,通常不补贴运营和更新成本,运营成本、车辆维护和折旧费用等由城市轨道交通公司和新加坡巴士公司自负盈亏。企业在指定区域内的公共交通运营中,更注重对客流调查、运营测算等分析,并满足公共交通监管部门制定的服务标准。2008 年,新加坡实施城市公交经营改革,由陆路交通管理局负责线路规划,把不同线路“捆绑”招投标经营。由于管理有效并不断进行运营改革,而且票价接近市场,在没有政府财政补贴的情况下,公交运营公司保持顺利运营,并实现一定盈利。另外,新加坡还将公共汽车与轨道交通混合经营。新加坡整个国家分为两个区域,由两家上市公司城市轨道交通公司和新加坡巴士公司分别经营各自专营区内的公共交通服务,专营区之间的服务则由双方共同提供。两家公司混合经营轨道交通和公共汽车,但又有所侧重,城市轨道交通公司主要经营地铁业务,新加坡巴士公司主要经营公共汽车业务。两家公司通过联合创办的通联公司制定详细的公共交通服务规划,报送陆路交通管理局和公共交通委员会审批。这一形式有效地避免了公共汽车与轨道交通的无序竞争,促进了公共汽车与轨道交通的一体化发展。

巴西库里蒂巴对城市公共交通采取运营与管理相分离、适度竞争的模式。城市公共交通公司受政府委托对整个城市的公共交通线路、场站、车辆和道路交通(包括交通信号控制)等进行管理。城市公共交通公司管辖的 28 家运营企业都是私营企业,这些企业通过线路招投标的方式,从城市公共交通公司获得运营许可,按照城市公共交通公司的规定完成运营里程,同时运营企业的现金票款必须在收到票款的次日 14 点以前,统一上交到城市公共交通公司的专门账户;磁卡、月票等代用券必须存放在指定地点。城市公共交通公司留存 4% 的票款收入作为管理费,其他部分按照运营企业完成的里程进行分配。企业按质按量完成运输任务后,如果企业的利润率达不到政府规定的标准,不足部分由政府补贴;如果超过规定的标准,则超过部分作为城市公共交通发展资金。

巴黎公共交通主要由国家投资,以国有为主。在巴黎大区内,由几个运营商共同提供公共交通运营服务。巴黎公共交通总公司成立于 1949 年,属于国有企业,负责全区的地铁、部分市郊快速铁路、公共汽电车和有轨轻轨交通的运营管理。公共交通总公司设董事会,由 9 位政府代表、9 位雇员代表和 9 位由相关法规规定出任的代表,共 27 人组成。

(二)加强城市公共交通市场准入退出管理

城市公共交通行业营运许可制度是行业准入管理的主要手段。国际上很多国家和地区都把城市公共交通准入制度纳入法律法规中,规定了公共交通运营准入标准和条件,并以此作为政府管理部门对运营企业服务质量、运营水平以及安全运营等方面的考核标准,把竞争机制引入城市公共交通行业,打破城市公共交通运营的终身制,促进了公共交通服务水平的提升。

1991 年,芬兰颁布了《国家乘客交通法》,允许市政管理机构和赫尔辛基都会地区议会在各自负责的区域内对公共交通服务进行招标,招标条件极为严格,要求申请人必须是《国家乘客交通法》所认可的运营企业,同时要求从事公共交通服务的人员必须具备相关法律所要求的资格。赫尔辛基都会地区议会制定的公共交通准入条件包括:(1)合同期限。第一个竞争性招标合同年限为 3 年,当合同期满后,每 2 年招标一次,经过多年的经营,现在的合同期限改为 5 年。(2)车辆要求。车辆的座位数、座位之间的间隔、车门数量,以及其他会影响服务质量的车辆特征,例如为残障人士和婴儿准备的座位、安全设施、照明设施、信息发布等。(3)服务质量要求。运营企业制定的服务质量控制计划,服务可靠性等;技术质量要求包括车况和车辆卫生、交通安全等;此外,还包括对票价和对车辆环保的要求等。

我国香港特区政府制定了《公共汽车服务法案》,并按照该法案规定进行公交线路专营制度,把政府对公交企业的管理直接置于法律控制之下,以规范企业行为。其内容包括:第一,公交服务的规定。明确规定了公交企业开线、配车、车型、班次密度、候车时间以及线路发展、新车配置、改建、新建车场、驾驶员和技工培训、改进组织管理等具体内容。第二,经营收益的规定。以九龙巴士公司为例,具体规定了其经营许可利润为固定资产平均净值的 16%,目的在于鼓励公共交通企业自行增加更新车辆及其他设备,在扩大和改善公共交通服务的前提下，获得更多的盈利。第三，专营期限的规定。专利经营的期限起初定为15年，到期要重新申请，后又改为10年一期。为了切实保障在这10年经营期中，公交企业能始终如一地保持良好的公共交通服务，香港政府规定，10年期限中每2年续期一次，凡不能按专营协议完成一定数量或质量公共交通服务的，香港特区政府有权部分或全部终止其专营权，促使公交企业认真考虑乘客的投诉以及运输署、交通咨询委员会的要求和建议，不断改进公交服务水平。

(三)建立服务质量考核评价制度

国际城市普遍建立了城市公共交通服务质量考核评价制度，建立科学的考评指标体系，内容涵盖营运车辆、运行保障、司乘人员服务、乘车舒适度等与公共交通服务相关的各个方面，委托专门机构，通过多种途径对公交企业的服务质量进行细致而全面的考核评价，并建立相应的奖惩机制，将考评结果作为发放政府补贴和授予线路经营权的重要依据，督促企业不断改进服务。

为有效监督公交运营，新加坡政府成立了公共交通许可证管理局(OSLA)，来规范和调节巴士的运营，同时还负责审批新线路，并制定公交服务标准。1971年，政府成立了公交服务认证机构(BSLA)代替公共交通许可证管理局，票价的批准由政府交通部门直接管理，这种状况一直延续到20世纪80年代。1987年，轨道交通的开通为改革公共交通监管机制提出了新的要求，新加坡成立了公共交通理事会(PTC)，作为一个独立的机构取代了公交服务认证机构，以保障公众的利益，确保有充足的公共交通服务和可负担的票价，同时也保证了公交公司财政生存能力的可持续性。公共交通理事会(PTC)的管理成员共有15个，由交通部长任命，他们分别来自社会各个阶层，广泛代表公众意见，使公共交通理事会的决策更容易被乘客接受。公共交通理事会的主要职责是批准新的巴士线路，规范巴士服务标准，监督现行巴士服务，核准巴士和轨道交通的票价。新加坡两家公交公司都必须遵守公共交通理事会服务条款的规定，按要求提供符合标准的运营服务，确保公交服务质量。公共交通理事会的定期审核工作确保了公交运营商能遵守这些服务标准。公共交通理事会邀请公众通过网络、民意调查等途径直接反馈意见，监督各公交公司的服务质量并有权对服务不达标的企业进行处罚。

首尔市政府制定了全面的公共交通服务质量考核标准，包括运行、服务质量、运营三个方面，每个方面都有详细的考核明细，并规定了考核周期。其中，运行管理部分的考核指标包括安全运行指数、运营中运行延迟车辆考核、企业员工工资指数、公共交通车辆管理系统等；服务质量部分的考核指标包括市内公共交通车辆服务满意度调查、市内公共交通车辆运行时刻表考核、柴油车辆污染度考核等；经营改善部分的考核指标包括引进天然气公共交通车辆数量、驾驶行业人工费节俭度及改善度、劳动关系争议及违反情况、压缩天然气及柴油费用改善度考核、企业财务健全性、现金收入管理及透明性和经营健全性等。对应每一项考核指标都制定了详细的可操作细则以及具体量化办法。

我国香港采取多种措施加强对公共交通运营企业的服务监管。政府直接参与的方式主要有政府派代表出席企业董事会、运输署署长与相关公司定期召开例会、组织服务调查、要求公司呈报运营资料等；乘客政府共同参与的方式主要有乘客满意度调查、来自区议会与传媒以及市民等的意见和投诉、直接对专营巴士服务水平进行评估等。通过监管，如发现公共交通公司存在服务水平低下的情况，政府将视情采取罚款，取消个别线路专营权，不延续专营权，直至取消整个企业专营权等措施。

第十五章　推行交通需求管理

在城市交通管理中,通过交通需求管理(Travel Demand Management,简称TDM)措施来降低城市交通压力,提高交通资源的利用效率,从而缓解城市交通拥堵,是国际城市的普遍做法和共同经验。交通需求管理是一种以管理为导向的策略,综合运用经济、科技、法规和行政等手段,正确引导和调控交通需求的增长,合理配置城市交通资源,调整交通需求在时间、空间和不同交通方式中的分配,对于缓解城市交通拥堵、改善环境质量具有重要意义。长期以来,为应对日益加剧的交通拥堵压力,我国城市多倾向于通过加快道路交通基础设施建设,改善道路、桥梁等硬件设施水平,来提高城市交通供给能力,但是却忽视了对交通需求层面的调控和引导,对公众的交通参与方式和交通出行行为缺乏有效的调控手段,导致小汽车使用强度过高,增加了道路交通压力。

为缓解城市交通拥堵,世界上许多城市从“供给”和“需求”两个层面着手,在加大城市交通基础设施建设、扩大交通供给能力的同时,注重加强交通需求管理,尤其注重采取征收交通拥堵费、加强停车管理、增加小汽车使用税等手段来调控居民的交通需求,取得了显著效果。

一、控制机动车过快增长

许多发达国家和地区为降低城市交通拥堵压力,因地制宜地采取了多种措施,对公众购买小汽车进行适度调控,有效控制了机动车过快增长的势头,对缓解城市交通拥堵起到了重要作用。

(一)新加坡车辆限额制度

为了抑制对小汽车的使用需求,新加坡政府通过增加小汽车购买者的购买成本控制小汽车的保有量。按照规定,除公共汽车、救护车、消防车外,其他车辆均受限额管理，要买车的人必须首先向政府提出申请，投标购买一张有效期为10年的“拥车证”，对于没有获得“拥车证”的车辆，严格禁止上路行驶。车辆注册局每月进行一次“拥车证”招标，价格依照市场供求关系的变化而上下浮动。

（二）北京机动车购车摇号政策

在城市快速发展、交通拥堵日趋严重的情况下，面对人口、资源、环境的压力，北京市政府根据2010年底出台的《关于进一步推进首都交通科学发展加大力度缓解交通拥堵工作的意见》，积极推进缓堵综合措施的落实，对机动车数量进行严格的限制。小汽车购买者需要通过先报名预约排队，再统一参加摇号。年度指标额度中个人指标占88%，营运小汽车指标占2%，单位指标占10%。符合购买条件者需要通过登记系统进行驾驶证等信息的填写，通过审查者，可获得一个有效的申请编码。取得指标的购车者需在6个月内办理完成机动车登记手续，否则需要重新开始上述过程，未取得指标的购车者信息可经确认延期后进入下个月的摇号系统。在实施购车摇号政策后，2011年全年，北京市净增机动车17.3万辆，比2010年少增61.7万辆，同比下降78.1%，机动车快速增长势头得到了有效遏制，中心城交通运行状况有所好转，高峰时段路网运行速度由每小时22.6公里提高到25.3公里。到2013年3月，北京市小汽车摇号已经进行了27期，申请摇号的人数已从第一期的20多万人增加到约160万人，中签比例也不断下降，由2011年第一期的1：10，下降到2013年3月的1：80。

（三）上海机动车号牌拍卖制度

为限制机动车数量，缓解城市交通拥堵，上海市自1994年起实行新增机动车拍卖制度，每月拍卖一次，每次投放数千个号牌，新车牌照始终供不应求，价格不断攀升。2000年，上海市共投放1.4万个号牌，年均中标价约1.4万元；2002年，政府的投放量加大到3.2万个，年均中标价约2.8万元；2007年，上海市拍卖号牌77500个，年均中标价约4.5万元；2012年，上海市共投放109600个号牌，年均中标价约6.2万元；2013年3月，上海私家车号牌拍卖最低成交价突破9万元。机动车号牌拍卖收入资金由上海市财政专户存储,经上海市政府批准才能使用,主要用于交通管理设施装备建设、城市道路工程建设、城市轨道交通建设和公共汽电车的运营补贴等。

二、实施交通拥堵收费制度

交通拥堵收费是指在特定时间对驶入特定区域的车辆进行收费,从时间和空间上来调节交通流量,减少特定区域的交通压力,以达到缓解交通拥堵的目的。拥堵收费是实现交通拥堵外部成本内部化的重要手段,实践证明也是最直接有效的交通需求管理手段之一。

新加坡是世界上第一个实施交通拥堵收费制度的城市,它于1975年开始实施拥堵收费方案,并在1998年将该方案升级为不停车拥堵收费方案(ERP)。新加坡在开征拥堵费后,成功地将中心商务区的高峰小时交通量降低了45%,同时提高了车辆行驶速度,车辆平均速度由18公里/小时增加至35公里/小时。

美国各城市的拥堵收费主要是根据道路的拥堵程度、车辆在道路上行驶的不同时间和地点,采取不同的收费标准。美国各州政府通过收费亭、电子收费系统或者其他许可制度对进入交通拥堵区(收费区域)或收费路段的车辆增收交通费。加利福尼亚交通部门借助民间资本在原91号道路8车道的基础上将中央分隔带拆除,规划成双向4车道(收费车道),并根据节假日、工作日分时间、分方向收费(0.6~3.2美元/次),有效降低了高峰时段的交通压力。同时引入车载式变压按钮自动收费系统,可使驾车员不停车即可完成交费,减少了因停车收费发生的拥堵。另外,对3人以上共乘的车辆免收拥堵费,以鼓励提高道路资源利用效率。实施拥堵收费以后,加利福尼亚州的91号道路平均行车时间缩短了20分钟。

英国伦敦市为缓解市中心道路的交通拥堵,2003年2月开始对工作日的7:00—14:00时、市中心(约22平方公里)的几条街道组成的内环线之内的一个封闭区域内实施拥堵收费。进入该区域的车辆不论大小、型号、种类只收一次费用,即缴纳10英镑的拥堵费,缴纳费用的当日可多次进入该区域。伦敦市交通局发表的《拥堵收费:6个月的实践》的报告显示,收费前后相比,区域车辆减少了16%,车辆行驶速度由原来的26公里/小时提高到35公里/小时,高峰时段的行车速度提高了10%~20%,拥堵水平下降了26%。公共交通平均运行速度平均提高了7%,高峰时段运行速度提高了近20%,公共交通乘客从7.7万人次增加到了10.6万人次。交通事故数呈现下降趋势,个人伤亡事故数与上年同期相比下降了8%,小汽车事故则下降了28%。根据伦敦市交通局的成本效益分析估计,拥堵收费方案的实施每年对伦敦经济的净贡献值大约有5000万英镑。

2007年7月,瑞典斯德哥尔摩市开始实施城市交通拥堵收费制度,成为继伦敦之后欧洲第二个实施拥堵收费的城市。在正式实施该制度之前的7个月中,瑞典政府先进行了试点实验。试点实验证明,实行拥堵收费可以有效缓解交通拥堵情况,从而减少14%的CO_2排放量,而交通量则可以减少22%。因此,斯德哥尔摩政府决定永久性地实施道路拥堵收费制度。该措施在斯德哥尔摩实施后,交通事故降低了5%~10%,市中心及其附近的道路交通延误减少了30%~50%。在实施交通拥堵收费制度的同时,为了使人们在实施收费后仍然可以方便地进出中心区,斯德哥尔摩政府在收费区外围建设了更多的停车设施,以方便人们把小汽车停在中心区外而换乘公共交通进城。同时,政府也增加了公共汽电车数量,并开辟了新的公交线路,鼓励居民选择公共交通出行。

韩国首尔市政府从1996年11月开始,对仅乘坐1~2名乘客的低承载率私人小汽车收取2000韩元的交通拥堵费。实施效果表明,乘坐公共交通车辆出行的乘客比例大幅提高,有3名以上(含3名)乘客(包括驾驶员)乘坐的机动车数量在高峰时段显著增加,达到了预期效果。

三、实施差别化停车管理

科学合理的停车管理措施对引导居民的购车意愿、调整居民出行方式具有重要影响,对降低小汽车使用强度、改善城市交通状况具有重要作用。根据不同时段、不同区域和车辆类型,制定不同的停车收费价格,可以有效调节交通流量的时空分布,促使居民调整出行选择,提升城市交通系统运行效率。

韩国首尔市政府在1997年推出了停车位限量供应制度,以减少现有的停车位供应。首尔市在中心区的新建商业和办公区域,停车设施供给下调20% ~40%不等,并提高停车收费标准以抑制停车需求,首尔市一个停车位的平均售价已达到4000万韩元(约22万元人民币)。首尔市政府规定每户居民的停车位为0.7个,通过引入住宅停车制度,对住宅区域的道路停车位进行统一管理,非居民区的车辆不准进入居民区的街道停车。此外,首尔市政府还通过制定政府法规,要求居民在购买车辆之前,必须首先证明已预留相应车位,并规定独立住宅必须配置停车位。这项措施不仅解决了独立住宅区的停车问题,同时也提升了居民之间的空间共享意识,有效地抑制了住宅区的道路拥堵现象。此外,首尔于2003年7月启动了自愿停驶制度。首尔地区的非营业性注册车辆都能获得由首尔市交通部门颁发的自愿停驶电子标签,市民可从每周工作日中自愿选定1天为汽车停驶日,放弃驾驶私人小汽车而改用其他交通工具出行。政府对该车辆实行减免5%的汽车购置税、减免50%的交通拥堵费、优先获得停车位等优惠政策。当参与该行动的车辆在一年之内未遵守停驶制度的次数达到3次以上时,将被取消享受各种优惠的资格。

日本于1957年颁布《停车场法》,在此基础上制定了《停车场实施令》,规定居民在为新购买的汽车注册时,首先要提供有效的停车位证明,证明其居所附近有可以停车的空间。另外,日本还大幅提高城市中心区的停车收费价格,以提高小汽车使用成本,降低其使用强度。虽然日本是汽车生产大国,但是由于对私人小汽车采取种种限制,加上其发达的公共交通系统,因此日本主要的几个大城市,小汽车拥有率和使用强度并不高。

四、调控机动车使用强度

机动车尾号限行措施是北京市区目前正在实行的一项缓解道路交通压力的措施。这项措施起源于2007年“好运北京”测试赛和2008年奥运会、残奥会期间在全市范围内的单双号限行制度,目的是缓解赛事期间的交通拥堵,减轻空气污染。据统计,2007年“好运北京”测试赛期间,北京共停驶机动车约130万辆,全市道路畅通比例约90%,机动车尾气减排量达到5815

吨。奥运会结束之后,这项措施转变为根据车辆号牌尾号分为5组,周一至周五的7:00—20:00在五环内每天限行一组。为了运送限行带来的客流,北京增加了城市公共交通运力。

成都市自2012年10月8日起,实行尾号限行措施。除部分车辆以外,成都市所有"川A"号牌及外地籍号牌的当天受限车辆在每个工作日的7:30—20:00区间段,均不能进入二环路(含)与三环路(含)之间区域行驶。尾号限行后,在限行时段驾车闯入二三环之间道路的,驾驶员将被处以100元的罚款。

墨西哥城1989年开始实行机动车每周限行一天的政策,并积极推行"今天不开车"活动。2000年,政府对这一政策作出调整,根据每辆汽车从新到旧的程度发放不同号码,新车每天都可以上路,而老旧车辆每星期则会有一两天不能上路。

专栏15-1 墨西哥城机动车限行

1989年开始,墨西哥城政府推行"今天不开车"政策,所有车辆每周停驶一天。每辆车车身上都贴有红、黄等5种颜色之一的标识,每种颜色对应一个停驶工作日。2000年,政府对这一政策作出调整,根据每辆汽车的新旧程度发放不同号码,新车每天都可以上路,而老旧车辆每星期则会有1~2天不能上路。墨西哥城根据车辆的排放状况发放不同的环保标志,执行最严格排放标准的车辆发放"00"和"0"号标志,执行较严格标准的车辆发放"1"号标志,执行最宽松标准的车辆发放"2"号标志。"00"和"0"号标志车辆行驶不受限制;凡贴有"1"号和"2"号标志的车辆,平时每周有一天全天全城停驶;在大气污染紧急状态时,第一阶段先对"2"号标志车辆实行单双号行驶限制,第二阶段则要求"2"号标志车辆全部停驶,"1"号标志车限行,其限行时间为5:00—22:00。

机动车限行政策有效地缓解了城市交通拥堵,改善了空气质量,但该政策的实施也带来一些负面影响。墨西哥城的小汽车保有量不降反增，刺激了新车和二手车的购买，很多墨西哥城居民为不受限行政策的影响，购买了不止一辆小汽车。同时，有的居民则将性能较好的旧车出售后再购买新车，加快了更换新车的频率，同时也使许多负担不起新车的居民购买到二手车，从而导致了墨西哥城小汽车总量持续增长。

五、增加机动车使用税费

美国联邦政府每年向全国汽车拥有者征收燃油税，燃油税分为联邦税和州税。联邦税税率是全国统一的，而州税则由各州自行决定税率，通常高于联邦税。根据2012年美国石油学会的统计：纽约州的汽油燃油税为67.7美分/加仑，柴油燃油税为73.5美分/加仑，为全美最高。因此，尽管纽约州一半以上的市民拥有私人小汽车，但仅有不到30%的市民使用私人小汽车通勤。与美国人均每天开车42公里相比，纽约市民人均每天开车仅为14公里，同时纽约市的碳排放量在全美大城市中为最低，而市民的步行或公共交通出行比例居全国之首。高额的燃油税对纽约市及其周边区域的小汽车使用强度起到了明显的抑制效果。

新加坡对小汽车的购买和使用实行了多种税费政策，通过对小汽车征收税费这一经济杠杆，既有效抑制了进口私家车的增长，又为城市道路建设筹集了资金。

(1)道路税。新加坡的道路税按照汽车排量收取，幅度从70分到175分不等，按照这一标准，一辆小汽车的最终价格将达到车辆市场销售价格的4~5倍。通过超额累进税制，对高排量的汽车征收高额的道路税，鼓励公众购买使用低排量的环保车辆，既起到调整车辆类型结构的作用，又引导汽车使用者树立科学、环保的交通意识。

(2)车辆进口税。1968年新加坡的交通部成立后，开始实施进口车加税措施，并根据新加坡经济发展需求及交通运行状况进行适时调整。1968年，进口税为车辆市场价格的30%，1972年提高到45%，2002年下又调到车辆市场价格的 20%。

(3)燃油消费税。新加坡根据不同等级的燃料征收不同等级的燃油税。品质最高的燃油税率最低,为每升 0.44 新元,体现了鼓励高效、低污染燃料的使用,抑制高排放燃料使用的政策目标。

(4)1975 年,政府开始征收汽车附加注册费。由于新加坡的车辆基本上依靠进口,附加注册费使得购车的费用成倍增长。1983 年后,附加注册费的征收额度相当于汽车市场价格的 175%,此外,每辆车还要缴纳 1000 新元的登记费。

日本土地资源有限,石油主要依靠进口,所以日本政府一直对私人拥有小汽车实行严格的管制措施,并实行了多项汽车税费政策,包括向生产商征收的商品税和向购车者征收的购车税、汽车年税和燃油税,以及依据汽车重量而收取的额外费用等。日本的汽油税比美国高出 3 ~4倍。另外在日本,车辆进入市区的高速公路及市内快速路等很多地方都需要收费。

六、鼓励高乘载率车辆通行

高承载率车辆优先通行是指给予承载人数较多的小汽车优先通行权的政策,包括设置高承载率车辆专用道、给予车辆交叉口信号优先通行权、对车辆实施停车优惠或减免道路拥堵费等措施。高承载率车辆优先通行政策对于节省能源、减少尾气排放、提高交通资源利用率、缓解城市交通拥堵具有重要作用。

高承载率车辆优先通行是美国许多地区交通需求管理措施的重要组成部分。纽约市交通部门鼓励多名出行者共乘一辆车上下班。纽约长岛高速公路路牌上明确注明“高承载率车辆专用道”(High Occupancy Lane,简称HOV),该车道只允许车内乘坐 3 人以上(含 3 人)的车辆行驶。如果不到 3 人的车辆使用专用道,将被处以 100 美元以上的罚款。

美国休斯敦市从 20 世纪 70 年代开始,交通流量迅猛增长,成为美国道路交通最拥挤的地区之一。从财政状况和城市道路拓展空间的角度来看,当地政府无法提供足够的基础设施来满足快速增长的机动化交通需求,因此当地政府提出了一项在城市路网中开设高承载率车辆专用道的交通管理计划,供公交车辆、共乘客车以及共乘小汽车使用,效果十分明显。例如 I-45N 道路上实施了高承载率车辆优先通行措施后，道路通行能力提高了23%。

七、实施错时上下班和弹性工作时间

错时上下班制度是欧美发达国家大中城市为缓解交通拥堵采取的普遍做法，是被公认和被证明行之有效的“削峰”手段。弹性工作时间制度是指在完成规定的工作任务或固定的工作时间长度的前提下，员工可以自由选择工作的具体时间安排，以代替统一固定的上下班时间的制度。错时上下班和弹性工作制不仅提高了道路资源的利用效率，减少了交通拥堵，同时也有利于减少环境污染和缓解公共交通运力的紧张状况，并对促进商业、娱乐业发展具有积极作用。

德国一些大城市早在20世纪70年代初就已经开始实施错时上下班制度。制造业一般是7:00上班，15:30或16:00下班；政府部门采取弹性工作制，工作日内9:00—15:00为固定上班时间，其余时间可以根据个人工作情况错时上下班，每天的工作时间不少于6小时，不多于9小时；政府的工作会议被统一安排在9:00—15:00之间进行，对外办公窗口另行规定；商业服务部门及商业性公司一般是9:30或10:00上班。

弹性工作时间制度可以让员工灵活安排上下班时间，从而降低高峰时段的交通压力，它不仅影响交通高峰期员工通勤的人数，而且也影响员工们选择何种交通方式去上下班，一般有三个方案：第一，错开工作时间。错开工作时间策略，由于延长了高峰时间跨度、降低了交通流量，从而减少了高峰期交通出行的行程时间。第二，压缩周工作日。压缩周工作日最流行的方式是每周工作4天，每天工作10个小时。第三，弹性工作时间。旧金山的一项实验表明，至少有一半以上的人到达单位的时间比实验前提前30分钟以上。在早高峰到来之前，每次通勤平均可以节省9分钟时间，有60%以上的人反映上班路上没有遇到交通拥堵。

第十六章　构建城市综合交通体系

加快完善城市综合交通网络,建设布局合理、设施完备、技术先进、服务高效的综合交通体系,是发达国家城市交通发展的共同规律,也是缓解城市交通拥堵的必然要求。与发达国家城市相比,我国城市综合交通体系建设相对滞后,不同交通方式之间的发展协调性不足,城市道路网密度低、总量不足,路网级配结构不合理、通达性较差,公共交通出租汽车发展滞后步行、自行车出行日益萎缩制约了城市交通整体功能的发挥。同时,城市综合客运枢纽建设滞后,不同交通方式之间换乘不便,限制了公众选择公共交通出行的积极性,也在很大程度上影响了城市交通系统的运行效率,增加了个体机动化出行的比例。

发达国家城市非常注重城市综合交通体系建设,通过统筹规划城市综合交通运输服务网络、加强城市综合客运枢纽建设、完善城市交通管理体制、统筹区域交通协调发展等途径,构建了运转高效的城市综合交通体系,有力地提升了城市和区域交通的整体服务水平。

一、统筹规划城市综合交通网络

许多发达国家为使交通系统最大限度地满足日益增长、多样化的运输需求,应对交通拥堵、环境恶化、能源短缺等带来的挑战,强调通过制定综合交通发展规划来统筹不同交通方式的发展布局,优化交通资源配置,促进城市公共交通、出租汽车、自行车等城市交通以及城市交通与市外交通方式的衔接,充分发挥各种交通方式的比较优势,构建安全、便捷、智能化的现代综合交通体系。此外,国外很多城市还从交通与经济、社会、资源、环境协调发展以及各种交通方式协调发展出发,以可持续发展为原则,制定了一系列具有前瞻性的综合交通政策。

2000 年,伦敦针对日益严重的城市交通问题提出了“新世纪交通发展战略”，战略的目标是提高伦敦交通系统的效率、能力、质量和可靠性。该发展战略提出：扩大地铁的运营能力、增加发车密度、提高准点率；建设新的地区铁路线，从而扩大伦敦交通系统的服务能力；改善公共汽电车的服务，包括提高车速和可靠性；改进国家铁路系统与伦敦其他交通系统的协调配合，使通勤交通更为方便；改善关键的换乘站，创造安全和良好的候车环境，提供更好的信息服务；提倡和鼓励公众使用公共交通工具，减少私人小汽车的出行比例等。同时，还要求把对交通环境的影响降到最低，使人们的出行效率最高、安全系数最高。

莫斯科依据城市建设政策以及总体规划，指出城市发展的方向是保持和增加城市公共交通的发展潜力。首先是发展地铁，进一步完善对外快速交通系统和改造莫斯科的铁路枢纽。在大型公共设施及其周围地区布置换乘枢纽，建设驻车–换乘系统，同时改造和发展市郊铁路交通系统和城郊之间的放射形高速公路系统。

纽约在城市综合客运交通体系建设方面为其他城市树立了典范。纽约城市交通系统由地铁、通勤铁路、轻轨、地面公交、轻渡等多种交通方式共同组成，由纽约州交通局统一管理，可实现各种城市交通方式之间的统一规划和统一管理，便于组织各种交通方式之间的合理分工、紧密衔接和有机协调，有利于提高整个城市交通系统的运行效率。

随着社会经济的增长和汽车工业的发展，特别是高速公路和城市快速路的迅速兴起和快速发展，许多发达国家十分重视城市立体交通网络的建设，利用跨线构造物使道路与道路(或铁路)在不同高程相互交叉，构建立体化交通网络，提高了路网通行能力，对缓解交通拥堵起到了重要作用。日本东京建立了完善的立体化道路交通网络，大大提高了路网通行能力。东京的道路网主要由 3 条环状总长 320 公里的高速公路、10 条国道和数百条普通公路，以及 1200 多座总长 70 余公里的桥梁、112 个总长 37 公里的隧道、735 座总长 42 公里的步行天桥等构成，总里程长达 2.4 万多公里。立体化道路交通网络为道路使用者提供了多种选择。路况良好时可选择地面道路交通，而当地面道路交通拥堵时，可以选择收费的高速公路。多种选择使东京的城市交通可以实现灵活分配和及时疏导，不至于产生严重拥堵。

二、加强城市综合客运枢纽建设

综合客运枢纽是多种交通方式的乘客集散转乘的节点，加强城市综合客运枢纽建设是提高城市交通整体运行效率的关键。发达国家城市十分重视城市综合客运枢纽的建设，尤其注重加强连接航空、铁路、公路、水运、城市公共交通等各种交通方式的城市综合客运枢纽建设，努力改善乘客换乘条件，逐步实现客运"零距离换乘"，形成了各种交通方式既自成管理体系、高效运行，又优势互补、相互衔接的格局。

在德国汉堡，客运换乘场所主要分布在城市轨道交通站点的周围，在汉堡公共交通联会管理的地区，共有 188 个快速轨道交通车站，其中有 150 个车站能换乘公共汽电车；有 22 个车站已经形成换乘枢纽，乘客可以方便、安全、舒适地换乘。对于汉堡高速铁路公司而言，一个突出的问题是要保证乘客从地铁安全快捷地换乘到公交车。因为在 2 ~ 5分钟的换乘时间内，乘客有时会在列车靠站时看到准备换乘的公交车正驶离换乘点。为了避免这种情况发生，在 18 个公交站点的 49 条公交线路上安装了联动保证系统（ASS）。通过该系统，计算机发送信息给公交车驾驶员，提示是否有在车站等待换乘的乘客。通过这种方法，稍微晚到地铁的乘客仍能赶上公交车。该系统在晚间发车间隔较长的时候显得更加重要。

伦敦的大型换乘枢纽规划设计非常注重多种交通方式的合理衔接，以便乘客可以在地面公交、轨道交通、国铁以及长途汽车间进行无缝换乘。伦敦市中心区周边建有多个综合客运枢纽，整合了地面公交、轨道交通和铁路等多种交通线路。如伦敦维多利亚站，最底层为维多利亚地铁线，中间层为地区线和环线，地面为铁路火车站，该站是伦敦最重要、最繁忙的客运枢纽之一。同时，地面还有通往伦敦市区各个方向的公共汽电车线路以及去往英国各地的长途汽车站。

莫斯科的公共交通换乘站分为地铁与地铁、地铁与地面铁路、地铁与地面公交车站换乘等多种类型。全市 600 多条公共汽电车线路中，有 500 多条能与地铁连接。有的地铁站附近汇集有多达 20 条的公共汽电车线路。此外，莫斯科换乘站建设时，还普遍做到了与地下行人过街通道相结合，一些公交车站就设在地下行人过街通道的入口旁边,有效缓解了路上车流与行人的矛盾,保障了交通安全与道路畅通,大大方便了乘客出行。

巴黎的城市轨道交通规划充分考虑了与航空、铁路及公共汽电车的接驳。巴黎的地铁和巴黎大区的快速轨道交通线都与市内的6个火车站、北郊的戴高乐机场等大型客运枢纽相连接,乘客可以在站内换乘城市轨道交通,也可以直接乘高速列车去往法国的其他城市,而不必进入巴黎市内。

北京六里桥综合客运枢纽为北京市的重要交通枢纽,是全国45个主枢纽城市规划的一级客运枢纽,集地面公交、长途汽车、出租汽车、地铁于一体。六里桥综合客运枢纽内的省际客运日发班能力为1500班次,设有发车站台45个,高峰日备用站台68个,规划有14条地面公交线路通往市域各个方向,设计综合客运日登降量为27.53万人次,其中省际长途为5.88万人次/日。枢纽内设有地铁功能区、公交功能区、长途汽车功能区、出租汽车功能区、停车功能区、旅游车功能区,拥有便捷的换乘硬件设施。枢纽通过分层设置的省际、地面公交、出租汽车、地铁换乘平台,实现了在同一建筑内的快捷换乘,并较好地实现了枢纽内人车分流、车车分流、人人分流的有序交通流线,同时采用国家标准化导向系统设计,保证乘客和车辆在站内的有序流动。六里桥综合客运枢纽还运用信息通信技术,建设五大网络,即枢纽辐射客运班线系统网络、枢纽智能运输科技服务系统网络、客运综合服务系统网络、小件物品快运服务系统网络、旅客集散运输系统网络。

上海长途客运南站,位于上海南站(火车站)南广场,轨道交通1号线、3号线在此交会,周围公交线网完善,便于乘客中转、集散、换乘。上海发往南方诸省80%的汽车都从这里发车,形成了涵盖公路、铁路、城市轨道、地面公交、出租汽车等多种交通方式的综合交通枢纽。上海长途客运南站在规划过程中,目标就确定为能与轨道交通1号线和3号线、周边出租汽车和公交线路以及上海南站实现真正意义上的“零换乘”。售票大厅设有一个与轨道交通转换的通道与地下一层的换乘大厅相连接。在地下一层的换乘大厅内,包括轨道交通、地面公交等换乘方式均具有完善的导向标志。根据规划,由换乘大厅步行至轨道交通3号线进行换乘所需时间为3~5分钟,换乘至1号线所需时间为5~7分钟。

三、改善非机动交通出行环境

步行、骑自行车是城市综合交通体系的重要组成部分，也是公共交通出行的必要环节，在一定的交通环境内具有其他交通方式无法取代的优势。与小汽车相比，步行和骑自行车出行最符合节能环保要求，是国际社会公认的绿色交通方式，具有便利、灵活、经济、有益健康等优点，在世界各国城市得到不同程度的应用。改善步行和自行车出行环境可以完善公共交通的末端接驳系统，提高公共交通的吸引力。近年来，在欧洲、北美洲和亚洲的一些大城市，步行和自行车出行正越来越受到人们的青睐。加快改善步行和自行车出行环境是对城市综合交通体系的深化和完善，同时也体现了以人为本和社会公平的理念。在机动车出行迅猛增长的形势下，世界上很多国家开始重新规划现代城市交通体系，注重城市交通与城市发展、居住环境的协调。许多欧美发达国家经历了一个先发展小汽车，后控制小汽车，最终选择了以公共交通为主、自行车出行为辅的城市交通发展历程。

目前，荷兰已经形成了完善的自行车道路网，拥有3万多公里的自行车专用道路，约占荷兰全国道路总长度的30%，人均自行车专用道路居世界前列。目前，阿姆斯特丹是欧洲自行车交通普及率最高的城市之一。据统计，在阿姆斯特丹有35%左右的出行由轨道交通与自行车换乘完成。阿姆斯特丹自行车交通的健康发展得益于其卓有成效的交通文化建设，不论是城市交通规划、路权分配还是交通参与者的交通意识、交通行为与习惯等，处处都体现了其先进的交通文化。

巴黎于2007年建立了公共自行车系统。2012年，巴黎已经拥有2.35万辆自行车以及1450个自行车租赁站，分布在巴黎以及周边区域。公共自行车使用者可以购买日票、周票或年票，自行车租赁票可以在租赁站终端或通过网络购买，并需要提供150欧元的信用卡预授权。巴黎的公共自行车系统投入使用之后，自行车出行量为日均30万人次，其中公共自行车出行量为日均11万人次，其中50%以上的都是通勤出行。2012年巴黎的自行车使用人数比2007年公共自行车系统建立前增长了41%。

2010年7月30日，伦敦推出了“巴克莱自行车租赁”项目，到2012年，伦敦已经在中心城区建立了拥有570个站点、8000辆自行车的公共自行车租赁系统，使用者可在站点自助完成租还车业务。配合公共自行车租赁项目的推广，伦敦还新划定并改造了多条自行车道，例如，“巴克莱自行车快速通道”至少1.5米宽，在路口处仍保持连续，并在路口处进行加宽和停车线提前改造，车道均为蓝色，便于识别。自行车快速通道CS3和CS7已于2010年建成，CS2和CS8已于2011年建成，2015年之前还将建成8条。同时，在居民区、商业区、办公区新建设了自行车停车设施。伦敦为了使市民更好地利用先进的自行车交通设施，进行了一系列的宣传教育活动，包括自行车绿色出行宣传活动、自行车骑行培训以及自行车出行安全教育等。

哥本哈根在1995年推出了一个名为“城市自行车”的自行车短期租赁计划，该计划希望为城市配备足够的自行车，以满足“适当距离”的出行需求。与普通自行车外观有明显区别的2000多辆白色自行车，分布在全市125个自行车租赁点，使用者往投币机里投入20克朗(约3.7美元)就可以取到一辆自行车，并在归还该车后取回这些押金。实施这项计划的部分资金来自于自行车上的广告收入。“城市自行车”计划除了能提高轨道交通的可达性外，公共交通管理部门还希望它能够降低轨道交通车厢内的自行车搭载量，从而为乘客提供更多的乘车空间。

美国波特兰的“自行车交通联盟”在城市慢行系统的发展中发挥了很大的作用。从1990年开始，该组织就在俄勒冈州全州范围内为增加自行车道展开宣传活动，要求在任何新的公交发展计划中都要考虑骑自行车出行者的利益。在该组织的倡导和敦促下，1996年波特兰制定了“自行车综合计划”(Bicycle Master Plan)，加快自行车专用道建设，大力推动了该市自行车的使用。根据该计划的估计，自行车的使用可以使该市每年减少550万英里的汽车运行里程，减少CO_2的排放量为1700~2800吨。1997年，波特兰市的另一项法律则要求所有的新建和进行整体改造的建筑，都要设置自行车停放场所。

新加坡目前有100多公里的自行车专用道，到2020年计划打造400公里的自行车专用道网络。同时，允许携带可折叠自行车上地铁、巴士，公共交通枢纽也设有自行车停放设施。

墨西哥城从2010年2月开始推出一项“生态自行车”的计划，由墨西哥联邦政府、世界银行和联合国资助，每年投入资金达10亿美元。墨西哥城市政府还出台了一项新的交通守则，规定骑车人和开车人享有同等路权。

专栏16-1 墨西哥城的“生态自行车”计划

墨西哥城气候温和，一年四季都适宜骑自行车出行。从2010年2月开始，墨西哥城市政府推出一项名为“生态自行车”的计划，通过提供公共自行车租车服务来改善城市环境。“生态自行车”计划是墨西哥城为期15年的“绿色计划”的一部分。“绿色计划”由墨西哥联邦政府、世界银行和联合国资助，每年投入资金达10亿美元。“生态自行车”计划推广后的3个月中，有5万人次租用过公共自行车，但仅有4000人注册成为使用者，这虽然与墨西哥城市政府期望的24000人还有很大差距，但是从长远发展来看，公共自行车作为一种绿色的出行方式，对于缓解墨西哥城的交通拥堵，改善城市空气质量具有重要作用。

墨西哥城通过设立大型广告牌等方式，大力宣传推广“生态自行车”租车服务。2010年，墨西哥城市政府在市中心的多个繁华社区设立了85个公共自行车租赁点(如图16-1所示)，停放了1100辆自行车。总投资为600万美元。自行车租赁者需要支付24美元的年度注册费办理电子会员卡，便可以在任何一个自行车租赁点刷卡取车，30分钟内归还不收取任何费用，此后每小时按3美元收费。两次免费使用30分钟自行车的间隔不能少于10分钟。在城市道路的混合交通中，机动车对自行车出行者的安全构成了一定威胁，阻碍了墨西哥城“生态自行车”计划的进一步推广。为了保障骑车人的出行安全，墨西哥城市政府2010年出台了一项新的交通守则，其中规定骑车人和开车人享有同等路权，机动车应当避让骑车人和行人，在靠近自行车行驶时应当减慢车速。与此同时，墨西哥城市政府还加强警力，在推行“生态自行车”计划的区域重点检查机动车对骑车人的违规行为。

虽然墨西哥城的“生态自行车”计划已经初见成效，但自行车交通基础设施建设不足的问题依然突出，成为推广自行车出行的障碍。墨西哥城多数城市道路上没有设置自行车道，自行车与机动车的混合行驶，不仅造成了安全隐患，同时也导致车流行驶缓慢等问题。墨西哥城市政府计划增设自行车道，从而进一步改善骑车人的出行环境。

图 16-1　墨西哥城的公共自行车租赁点

我国株洲公共自行车租赁系统于 2011 年 5 月启动，共有 500 个站点，有 10000 辆自行车可供市民使用。株洲公共自行车租赁系统倡导“随用随骑，骑后速还”的用车理念，鼓励市民选择自行车换乘方式出行，且使用公共自行车在 3 小时以内的实行免费使用。该系统自启动以来，自行车单日租用量突破 20 万人次，累计租用超过 5000 万次，受到市民的一致好评。株洲公共自行车租赁系统将城市公交延伸到城市的每个角落，有利于构建全面、立体的公共交通网络，同时为广大市民和游客提供免费、便捷、绿色的出行工具，推动节能减排、低碳健康的生活方式，有效解决了“公交最后一公里”的接驳问题，优化城区交通结构，改善城区交通秩序和生态环境。目前，株洲市的公共自行车行业已形成集生产、研发、运营和管理于一体的产业模式。

杭州将自行车作为城市公共交通的重要补充,公共自行车不仅服务于本市市民的日常生活,而且也成为外地游客的代步工具。目前,杭州已成为国内公共自行车推广应用的城市范例。

专栏 16-2　杭州公共自行车租赁系统

利用公共自行车观赏西湖、闲游杭州,已成为杭州这座休闲旅游城市的特色旅游内容。杭州市将自行车纳入公共交通领域,让慢行交通与公共交通"无缝对接",破解交通末端"最后一公里"的难题。杭州市公共自行车交通系统所取得的成果早已远远超出了原先的初衷,在推进节能减排、建设低碳城市、倡导绿色出行、提高城市品位、改善城市形象以及提高市民身体素质等方面均取得了明显成效。据统计,杭州公共自行车交通系统自 2008 年 9 月 16 日正式运营以来,已经拥有 2411 个服务点、6. 06 万辆公共自行车。总租用量突破 1. 26 亿人次。2010 年以来,日平均租用量突破 20 万人次,日最高租用量达 32. 2 万人次。"一小时免费制"实施以来,91. 2% 以上的公共自行车租用都是免费的。这种绿色、时尚出行方式也已经被越来越多的市民所接受。

四、统筹区域交通协调发展

国外城市在努力改善城市交通状况的同时,非常注重从区域发展的角度加强城市周边地区及乡村地区交通的协调发展,通过一体化的规划和综合开发建设,一方面不断加大城市周边地区及乡村地区的交通基础设施建设,另一方面非常注重城市交通与周边地区交通服务网络的融合与一体化发展,加强城市交通与对外交通的换乘设施建设,改善城市与乡村的交通联系。一些经济发达的城市和地区主要采取以市郊通勤铁路、轨道交通与城市内部其他公共交通方式无缝衔接的方式加强区域的交通联系,另外一些城市则采取集中公共交通服务的方式,方便居民以步行、自行车或私人小汽车通过换乘公共交通的方式进入城区。

日本及欧洲各国对城市的发展均采取了严格的规划控制,使城镇发展呈现出与公共交通系统互为依存的良性循环状态。城乡间交通联系主要采用轨道交通方式,这些轨道交通构成了市区内、市区与郊区间的客运骨架,并通过换乘站点紧密衔接城区内的公共汽车和长途汽车线路,联系全国各地。除轨道交通以外,乡村居民还可凭借密集的乡村道路网络,自己驾车进城。

悉尼的公共交通主要由城郊铁路、公共汽电车、轮渡和轻轨构成。与世界上其他大都市不同的是,悉尼没有真正意义上的地铁,主要依靠城郊铁路进行长距离运输。悉尼城郊铁路由澳大利亚新南威尔士铁路股份有限公司负责运营,其下辖的路线大致可分为 3 类,分别为城郊路线、城际路线和区域路线。城郊路线主要服务于悉尼市城郊的居民,共有 11 条线路;城际路线主要服务于悉尼市外的各市镇,共有 4 条线路;区域路线侧重服务于悉尼以外的主要城镇。悉尼地区城郊铁路平均日客流量为 107 万人次,外围区每天客流量在 30 万人次左右。随着汽油涨价,将有越来越多的人选择城郊铁路出行。

欧洲部分城市是依托公共交通线路发展的,位于城市边缘或郊区的集中式居民点非常适合使用公共交通服务。这种居民点被称为公共交通社区(Transit Village)。典型的公共交通社区是半径长度为步行距离的多用途混合用地,以公交车站为中心,公共广场及商业和服务设施围绕车站布置,形成社区中心,周围布置居住或其他建筑,整个社区的建筑密度由中心向外围逐渐降低。方便舒适的步行系统以社区中心为起点通往区内各处,邻近中心的地方也设有停车场,以方便驾车人士使用中心的设施,或者换乘公交。

东京的轨道交通包括国有铁路、市营地铁、私营地铁。东京市郊铁路与中心城区地铁紧密结合,市郊铁路与市内地铁实行统一运价,同时开通直通线路,以减少乘客换乘次数。市营、私营地铁主要分布在市中心,国有铁路分布在东京都周边地区,负责卫星城与中心城区的交通联系。例如山手线是一条重要的国有铁路环线,将大多数市营、私营地铁与国有铁路相连,实现了东京都市圈的交通一体化。

此外，俄罗斯的莫斯科、德国的慕尼黑、美国的旧金山等市都建立了市郊快速铁路网络，并用铁路复线将地铁和市郊快速铁路连通，全天使用或在高峰时段使用，形成覆盖市域的铁路交通网络。

五、完善城市综合交通管理体制

(一)建立综合的交通行政管理体制

国外发达国家十分注重将城市交通运输系统作为一个有机整体来进行统一的规划和管理，通过功能整合和专业统筹将职能相近、业务范围趋同的事项进行集中管理，并建立对各种交通运输方式实行统一管理的综合交通管理体制。绝大部分国家尤其是市场经济发达的国家，都将铁路、公路、水运、航空、管道以及城市交通等归属统一的政府部门管理，“大交通”的管理格局已经成为交通行业管理的普遍模式。管理机构和管理职能的“集中化、专业化、扁平化”，一方面有利于政府关系的理顺、政府资源的有效利用和管理政策的统一；另一方面促进了政府机构更加精简，政府职能不断转变。此外，国外交通运输管理体制从各种运输方式分部门管理发展到统一管理，进而涵盖对交通、国土、安全、环保等经济社会发展的综合管理，更加适应了对各种交通运输方式在发展规划、行业管理、资源利用与整合、环境保护、安全监督等方面的需要。

英国国家层面负责城市交通管理的部门是运输部。英国交通运输管理采用的是大部门、综合的行政管理体制，并实行了“决策与执行”相分离的行政管理模式，决策层为运输部，下设若干个执行局具体执行交通运输管理事务。英国运输部的业务范围涉及铁路、民航、水运、公路等各种运输方式，主要负责有关道路交通的政策法规制定、政策执行监督以及财政资助等宏观管理，指导全国运输相关部门，其主要工作包括：①制订发展规划和管理长期投资项目；②加强运营许可管理和运输服务监管；③通过法律法规、价格、技术、消费者信息服务等手段缓解交通运输对环境的影响，提高资源使用效率；④通过土地使用规划、价格调控等手段引导未来运输需求结构；⑤提高现有设施和服务网络的运输能力，为客户提供更好的服务；⑥为保障政府目标的实现，提供管理信息和运输服务。运输部由运输国务大臣领导，除负责交通运输事务外，还主管健康与安全事务，3 位副部长分别负责铁路与公路、民航、水运，以及伦敦地区的运输与道路安全。在运输部下，英国政府设立了 5 个管理机构，即驾驶员和车辆牌照局、车辆和运营服务局、车辆标准局、车辆认证局、高速公路局，具体执行政府的决策事项，向社会提供高质量的运输服务。

加拿大交通、基础设施和社区部历史上曾由政策与协调司、航空局、航空港局、海运局、陆上交通局和部机关等内部机构组成。在 20 世纪 90 年代中期，加拿大为促进财政增收进行了一系列改革，包括空中交通管制私有化，将机场转移给地方管理，将海岸警卫队划归渔业和海洋部，国家铁路私有化等。这使得加拿大交通部的机构进行了一系列的调整，形成了 4 个司局（安全局、政策司、计划司、企业服务局）、5 个片区（大西洋地区、魁北克地区、安大略地区、草原和北部地区、太平洋地区）的组织架构，综合管理航空、海运、铁路运输、公路运输、安全、环保等方面。

2001 年，日本政府正式实施以大部门体制为重点的行政改革，重新将相同或相近职能部门进行整合，并重视部门的统一性与整体性，其中原运输省、建设省、北海道开发厅、国土厅等合并为国土交通省。国土交通省主要负责国家有关土木、建筑、国内外海陆空运输事务管理及国土整治、开发和利用等方面，综合管理国土、道路、住宅、铁路、机动车交通、海事、港湾、航空、气象等方面，形成了交通运输大部门管理体制。

为提高城市交通管理效率，国内外很多城市也非常注重交通管理体制改革，促进了交通管理综合化、规划决策科学化、职责分工明确化、管理职能法制化、调节手段市场化、监督机制完善化，保障了机构设置的规范化和权责一致，以及交通规划的衔接和协调。同时，市场配置资源的基础性作用也得到充分发挥，政府决策实现了公开化与民主化，政府行政行为相对规范和高效。

2009 年 7 月，《深圳市人民政府机构改革方案》正式印发，深圳市大部门管理体制改革由此推开。深圳市政府发布的《关于印发市政府工作部门主要职责内设机构和人员编制规定的通知》，明确指出在原深圳市交通局的基础上成立深圳市交通运输委员会（全市七大委员会之一），统一负责市政道路(公路)的规划设计、建设、管养、执法及交通运输管理工作,在全国率先建立了高度综合的"一城一交"大交通管理体制。此次交通体制改革重点强化了交通运输主管部门的三大职能:①加强交通规划、建设、管养的有机衔接,优化交通运输布局,发挥整合优势和组合效率;②加强全市一体化路网体系建设,优化路网结构;③加强统筹特区内外交通建设和运输协调,大力发展特区外公共交通,加快特区内外交通建设和运输一体化进程。同时,按照综合统筹、运输管理、规划建设三个板块的职能定位,明确深圳市交通运输委员会在城市交通方面负责预测总需求、制定总政策、提出总方案、提供总供给,实现总需求和总供给的动态平衡,保障城市交通畅通。深圳市通过本轮交通行政管理体制改革,将城市交通各方式、各专业、各要素的管理职能全面纳入一体化大交通管理体制,强化了城市交通管理职能的统筹整合,交通管理资源的组合效率和集成优势得到了充分发挥,为提高城市交通管理效率和城市交通服务水平起到了重要的推动作用。

2000 年,为了适应城市交通发展的需要,伦敦成立了大伦敦交通局,全面负责管理伦敦的交通运输事务,包括公共汽电车、轨道交通、轮渡、出租汽车、步行、自行车、交通控制系统、渡口及部分高速公路的管理,还负责城市交通拥堵收费管理,实施全市交通发展战略等。伦敦市交通局由伦敦市长负责管理,并接受英国运输部的指导。

新加坡陆上交通管理机构为陆路交通管理局,全权负责并综合管理所有陆路交通事物,业务范围包括私人与公共交通、公路与地铁系统等,职责范围包括制定政策、制订规划、设施建设和维修养护管理等。其中,公共交通理事会负责对全市公共交通运营和服务质量监督,定期审核公共交通企业的服务,确保企业遵守服务标准。

首尔大都市交通局是大都市区的交通主管部门,是根据 2005 年 2 月的地方政府法成立的政府机构,由首尔、仁川、京畿道等地方省级政府联合组建,其目的是加强首尔市及相邻地区交通领域的协调和合作,更加有效地解决首尔大都市区交通问题。大都市交通局的主要职责是建设以公共交通为核心的大都会交通系统,修改调整大都会区的交通政策,研究交通需求管理政策等。

大温哥华交通局的职责包括:负责公共汽车、轮渡、空中列车、西岸快车和残疾人使用的小巴等公共交通的管理;负责区域道路网、桥梁及过海轮渡运输的规划、建设、筹资;负责交通系统的整合;制定地区空气质量的改善政策;建立高效、安全、舒适的交通运输网络;实施交通需求管理,制定鼓励公众尽可能使用公共交通和自行车的政策。大温哥华交通局对公共交通、道路桥梁等的规划、建设、运营、管理进行统筹协调,提高综合交通管理效率。

西班牙马德里大区交通局是由西班牙中央部门公共事业部、自治区政府、城市(或镇)政府三级机构的代表和民间(企业和组织)代表组成的交通管理机构,负责对马德里地区的交通(包括铁路、高速公路、地铁、国营和私营地面公交等)进行统一规划、协调和运营管理,促进交通资源的综合利用和交通系统的统筹协调发展。

(二)合理划分国家和地方事权

发达国家普遍对国家和地方政府在城市交通管理中的职责和事权进行了明确划分和合理界定,以充分发挥各级政府的积极性,提高交通运输管理的效率。国家层面交通运输管理职责重点是交通运输立法、规划、标准和政策的制定以及数据统计,并负责管理全国的交通税收和向地方政府支付补助资金等。城市层面普遍具有较高的自主管理权限,具体执行交通运输的建设和管理事务,提高交通运输服务水平。

从纵向来讲,美国交通运输实行中央和地方的分级管理。美国国会关于运输部的法令中明确指出,设立运输部的目的是为了把联邦政府对于水、陆、空交通的管理职能由过去的分散管理转为统一管理,以保证政府对各种运输方式的发展进行统一规划、组织、协调和强化管理效能。其主要工作是制定运输政策、确保运输安全及负责对各种运输方式的扶持。虽然各州也按照美国运输部的模式成立了州运输部或交通管理委员会,统一管理州一级的公路、城市公共交通、铁路、水运和航空事务。但由于美国是联邦制国家,各州有很大的独立自治权限,尤其是立法权,州、市地方交通主管部门享有充分的自主权,他们可以根据本地的实际情况,制定相应的政策。运输部上下级之间没有隶属关系,也不要求设置对应的机构,各级交通主管部门职责明晰,各自按法律赋予的权利履行职责。当各州制定的运输规划出现矛盾时,由联邦政府和各州通过对话协商解决。

美国各州运输部和联邦运输部间除业务上的指导关系外,主要体现为一种以资助资金为纽带的合同性关系。这种合同关系既保证了联邦的统一管理,又能较好地保证地方自治权的实现。各州可根据自己的需要来设置管理机构,形成以地方分权为基本导向的权力结构,而非简单效仿联邦运输部的组织结构,较好地协调了联邦和地方运输部间的关系。

德国通过采取“委托合同”的方式将许多具体交通管理职责交由各个州政府来负责,例如道路交通管制、驾照管理、车辆检测等事务,联邦交通建设与城市规划部一般只负责政策和标准的制定以及执行监督等,具体的行政管理、机构设置等,由地方政府自行决定。

(三)健全组织监督保障机制

为协调政府管理部门、交通运输企业与社会公众的关系,督促管理部门和企业不断改进工作绩效,提高管理和服务水平,发达国家城市普遍重视通过建立组织监督机构,例如建立城市交通专家指导委员会、专门审议会等,对政府交通运输管理工作和运输企业的运营服务进行监督。专门审议会制度是指由专家学者和各种团体代表通过专门审议会的组织形式,分别就各类城市公共交通重大决策发表咨询意见。国际城市交通管理经验表明,设立指导委员会和专门审议会能够在城市公共交通规划、建设、运营等重大决策方面,更充分地发挥专家的作用以及保障公众参与城市交通管理的权利。

2000 年,伦敦成立了交通服务顾客委员会。该委员会由伦敦议会建议组建,负责监督伦敦的公共交通服务,其成员由伦敦市议会任命。委员会通过调查乘客投诉、对公共交通系统开展独立研究、保持与公共交通调度员的经常性对话、评估公共交通站点的增设或关闭的可行性及实施时间等,监督伦敦公共交通政策的落实情况。委员会召开的所有会议都对公众开放,市民可在其网站上提交意见,还能了解委员会调查项目的进展情况和得出的结论。

2003 年 8 月首尔市为顺利实施公共交通系统改革,成立了“公共交通系统改革公民委员会”。该委员会在推进公共交通改革中发挥了重要作用,它主要以仲裁方和协调人的身份,代替政府负责协调各方利益关系。2004 年,公共交通改革顺利实施后,该机构撤销,取而代之的是“首尔市市民政策委员会”,该委员会由首尔市政府相关部门、市民团体、企业和专家组成,任何针对公共交通系统的政策调整都必须经过该委员会的同意。2004 年,首尔市政府成立了监督管理机构以对公交系统运营加以规范。该机构由公交系统的利益相关单位组成,包括城建部门、交通监管部门、公交公司、行业协会、交通专家、律师、审计师、市民与市民团体。该机构负责针对公交的线路、收费、运营系统等各个方面进行讨论并作出相应决策。通过这样一个机构来统一监督和管理公交服务,可以大大提高公交运行的效率。政府部门通过该管理监督机构来控制公交线路的分配权、确定公交车班次以及改革收费方式,从而提高准点率、改善乘车条件以及整合乘车线路。

第十七章　建设城市智能交通系统

随着人民群众生活质量的日益提升和出行活动的多样化，人们对出行过程中的交通服务品质要求越来越高，对创新城市交通管理手段、提高交通管理效率提出了新的、更高的要求。与发达国家城市相比，我国城市交通管理技术手段相对滞后，信息化、智能化水平较低，对城市交通运行的宏观调度与微观管理效率较低，对交通参与者的信息服务不到位，影响了城市交通的运行效率。从国际城市管理经验来看，建设城市智能交通系统已经成为政府行业管理与服务、企业生产与运营、服务居民出行的重要技术支撑，对于提高行业管理水平、满足人民群众不断提高的出行需求发挥着越来越重要的作用，是缓解城市交通拥堵的重要措施。

一、建立城市交通信息采集分析系统

完善的信息采集分析系统通过对城市交通的动静态信息进行及时、准确地采集、传输、分析与发布，可为交通指挥调度、交通信号控制、出行方式选择、自驾导航、交通诱导等提供必要的信息，直接支持城市交通信号配时优化、均衡城市路网交通负荷、缩短出行时间、减少无效出行等，对缓解城市交通拥堵具有十分重要的意义。很多发达国家已经建立了完善的城市交通信息采集分析系统。

纽约市建立了现代化的交通信息采集分析系统，能够实现信号灯在多个路口的协同运作，大大提高了车辆的通行效率；通过电子显示屏可及时跟踪曼哈顿地区所有交通信号灯的动态变化，可根据拥堵点的发生位置及时调整信号灯和闭路电视等信息采集设备，为现场事故处理和交通堵塞提供实时信息；还可为出行者提供多渠道和及时准确的实时交通信息服务。

东京市在总长度 2. 3 万公里的道路上装有 16400 个超声波、雷达、红外线检测器，295 处交通电视摄像机，用于综合采集分析交通流量、车辆行驶速度、路段的拥堵程度、道路行驶时间、交通事故、道路施工等信息。

二、加强公众出行信息服务

完善的出行信息服务系统可通过电子出行指南向出行者提供当前的交通状态、道路条件、出行最佳线路、公交信息以及特殊事件、停车场位置等信息。出行者在获得完善的出行信息服务后,可以降低无效出行,客观上促进城市交通拥堵的缓解。先进的出行信息服务系统是城市交通智能化的重要组成部分。发达国家纷纷致力于建立全方位的出行信息服务系统,使出行者在整个出行过程中随时获取准确、快捷、及时的出行信息。

美国的511交通信息服务系统(以下简称"511系统")是一套先进的出行信息服务系统。"511系统"通过装置在道路、机动车、换乘站、停车场以及气象中心的传感器和传输设备,收集全面的交通信息;然后通过信息中心对各类信息进行加工处理和分析,利用互联网、可变信息板、电话、短信等方式向社会提供实时的道路交通信息、政府交通信息、换乘信息、交通气象信息、停车场信息以及与出行相关的其他信息,出行者可根据这些信息确定自己的出行方式和行程路线。覆盖美国大部分地区的"511系统"为缓解美国的城市交通拥堵作出了巨大贡献。

新加坡的出行信息服务系统,主要是为出行者提供准确实时的地铁、轻轨和公共汽车等公共交通服务信息。该系统通过电子出行指南来发布各种公共交通设施的静态和动态服务信息,并且在每个公共汽电车车站或地铁、轻轨站的电子公告板上显示车辆到达和离开的时间,以及提供地铁、轻轨和公共汽电车的基于最少周转、最低票价或最快抵达的交通路线以及相应票价;同时,出行者也可以通过电话服务来获取这些信息。该系统的应用使得新加坡的整个公共交通更加准时可靠,缓解了出行者等车的焦躁情绪,同时出行者还可以根据系统所提供的信息来事先计划出行路线和方式,以减少出行时间。

日本1995年建立了全国性的道路交通信息通信系统(VICS),能够收集来自公安部门的交通管制信息、停车场信息,以及来自道路管理部门的公路信息,经过中心计算机自动处理和分析后,可通过多种形式进行全国范围的实时路况、行程时间预测、停车场信息、交通事件、天气状况和气象预警等多种信息的实时发布和服务。目前,该系统已经覆盖了日本45%以上的道路,极大地缓解了日本的城市交通拥堵。

三、建立城市交通综合管理信息平台

发展城市智能交通管理系统,建立城市交通综合管理信息平台是解决城市停车难问题,以及缓解交通拥堵压力的长效措施之一。发达国家政府通过建立先进的城市交通综合管理信息平台,将政府各相关管理部门有机地连接起来,实现信息共享和对城市交通行业的全面监管,不仅可以提高政府的管理效率,而且可以提高城市交通的科学决策水平。

首尔市成立了综合交通监控指挥中心,工作人员可通过计算机对全市的交通情况、公交车辆的行驶状态、各公交线路车辆间距和载客量等进行实时监控。指挥中心可以随时监测交通违法信息,并实现对非法占用公交车道、路侧违法停车以及闯红灯等违法行为的非现场执法。

英国运输部和高速公路管理局共建了伯明翰国家交通监控中心,具体负责交通数据采集、汇总、交通运行状态监控、拥堵疏导、事故处理以及信息发布。紧急情况下,监控中心负责总协调指挥,分中心负责进行现场指挥和处置。

上海市综合信息平台构建了连接交警总队、交通港口局、原市政局和信息中心的通信网络,汇集了交通基础信息、实时信息和历史信息等,包括道路车辆信息、轨道信息、铁路信息、民航信息、港口信息等,基本建成覆盖全市主要道路网的道路交通信息采集与发布系统,是上海市的交通信息资源汇集和管理中心、交通信息共享交换中心,是交通信息提供和发布的主要渠道,为全市日常道路交通管理、大型集会的道路交通信息服务提供全面的技术支持。

四、建设企业智能调度管理系统

城市客运企业的运营调度管理应通过运力的科学安排,为乘客提供安全、方便、迅速、准点、舒适的乘车服务,以最大限度地节约乘客出行时间。

企业运营调度管理水平的高低从根源上决定着城市客运企业的服务能力和服务质量,进而成为衡量城市综合实力与公共服务能力高低的一项重要指标。发达国家依靠先进的信息化技术,建立了高度智能化的城市公共交通运营调度系统,在大大提高公共交通系统的运行效率、安全运营水平和提升企业服务质量的同时,客观上也提高了城市客运车辆对城市道路等交通资源的利用效率,起到了缓解城市交通拥堵的作用。

伦敦、首尔、新加坡等城市的主要路口和绝大部分公共交通车辆几乎都安装了智能动态信息采集设备,建立了完备的交通信息采集系统。根据车辆调度生产管理实际,综合 GPS 定位、GPRS 无线通信、GIS 地理信息、自动控制等信息技术的城市客运企业智能调度管理系统,可实现车辆生产运营调度信息化、自动化和智能化管理,包括实现对客运车辆的智能排班、自动报站、运行监控、运营调度、跨线路调度、车距过疏过密提醒、电子行车路单、驾驶员工作时长考勤、车辆日检(刷)卡管理、停车场规范停车管理、安全限速、安全提醒和统计分析等。同时,公共交通信息服务子系统还能根据交通管理与控制中心提供的实时交通数据、信号配时方案等,预测公共交通车辆在站点间的行驶时间,并将相关信息显示在电子站牌上,还可通过多种媒体向出行者提供出行前和途中的交通信息。

东京交通局建立的城市公共交通综合运输控制系统,在运营中的公共汽车和控制中之间进行信息交换,并利用诱导和双向通信的方法,将服务信息提供给公共汽电车运营人员,进行实时调度。欧洲许多国家的城市通过实行公交车信号优先,布设智能公共交通监控与调度系统等措施来提高公共交通车辆运行速度和公共交通服务质量,以吸引公众选择公共交通出行。

五、推行出租汽车电召服务

出租汽车主要为社会公众提供个性化的运输服务,是城市综合交通运输体系的重要组成部分。发达国家城市十分重视出租汽车运营管理的信息化建设,大力推进出租汽车电召服务的普及,不断提高电召服务的智能化、自动化、精确化水平,提高出租汽车的运营管理效率,有效避免了传统的巡游式载客方式对道路资源的无效占用,对缓解城市交通拥堵压力起到了重要作用。在世界上一些著名的大城市，出租汽车电召服务占的比例很高，部分城市高达60%~70%。与发达国家城市相比，我国城市出租汽车总量多、运营管理方式滞后、运行效率低，应加快建设出租汽车服务管理系统，运用信息化手段全面提升出租汽车的服务和管理水平，提高出租汽车运营效率。

新加坡非常重视出租汽车电召服务系统建设，由企业投资建设，政府管理部门严格准入条件限制和加强行业监管，将电召服务系统作为企业经营的必要条件，在出租汽车公司的准入规定中明确要求企业必须建设出租汽车电召系统，如果没有电召系统则不能营业。新加坡每一家出租汽车公司都有自己的电召服务电话。例如，新加坡最大的康福公司采用先进的电召调度技术，实现了自动电调、快速派遣、精确定位、地理导航等功能，能为乘客提供良好的电召服务。新加坡政府管理部门还建立了以电召服务考核为重点内容的企业服务质量考核制度，以加强对出租汽车运营的监管。

哈尔滨市把出租汽车服务管理信息系统作为行业信息化建设的着力点。截至2012年年底，哈尔滨市出租汽车服务管理信息系统建设一期工程已全部完成，监控指挥平台已经投入使用，共安装车载设备9000余套，系统运营取得了初步成效。哈尔滨市出租汽车服务管理信息系统主要包括综合运营分析系统、信息发布系统、电召服务系统、动态监管稽查系统、服务质量监督考评系统、企业在线管理系统等。

苏州市是我国较早开展出租汽车电召服务的城市之一。苏州市依托出租汽车服务管理信息系统建立了一个全天候为市民提供电召服务和为出租汽车驾驶员提供用车信息的公共服务平台。该平台自运行以来，服务能力和业务量稳步提升，在科学调度运力、促进节能减排、方便市民出行和保障出租汽车行业稳定发展方面发挥了重要作用。目前，苏州市所有的出租汽车均已纳入电调服务系统，电调服务中心日均电召业务近1.4万次，日均成功电召1万次左右，电召业务约占出租汽车总业务的6%。

六、加快城市交通电子支付系统应用

城市交通电子支付系统是将公共汽电车、出租汽车、轮渡、轻轨、地铁等多种城市交通方式的乘车电子支付功能集中于一个系统平台上，市民通过持有一张IC卡即可乘坐各种城市交通方式，并便捷支付费用。该系统能够最大限度地向市民提供方便、快捷的付费服务，有效提高居民出行效率，同时还可避免因各种城市交通方式各自独立收费而形成的浪费。该系统还能对运营数据进行汇总统计和科学分析，及时掌握客流情况及运营市场动态，为加强行业管理提供可靠的管理、决策依据，从而大大提高城市交通的综合管理水平和服务质量。

香港于1997年启用了八达通电子支付系统，启用后的三个月内就发行磁卡近300万张。八达通最初使用的磁条卡仅可用于支付交通费，现已发展成为非接触式多功能储值卡，其应用领域涵盖支付交通费用、电子钱包、门禁控制系统以及忠实顾客奖励计划等许多类型的交易和应用中。目前全香港已有逾60所中小学在使用八达通卡进行收费及点名等工作。

新加坡于1998年启用了道路电子收费系统，以通过调控人们对道路的使用来调整城市的交通需求。该系统是先在主要道路上安装电子自动扫描系统，在每一辆汽车上都装有一个读卡器，并在读卡器中装有一个事先充值的现金卡，汽车在自动扫描系统操作的时间段通过该路段时，自动扫描系统会通过车上的读卡器，自动从现金卡中扣除所要缴付的费用，而所缴付费用的多少由相关机构根据道路使用状况来进行调整。该系统启用后，提高了道路网络运行效率，平均车速提高了近30%。

首尔于2004年7月全面升级了电子收费与结算系统，包括T-Money智能卡、车载读卡器和结算系统。该系统在公共汽电车前后门各安装一个读卡器，乘客前门上车、后门下车各刷一次卡，读卡器可以记录乘客在本车的乘车里程，如果乘客是从其他公共交通换乘到本车的，读卡器可以自动累计里程，并按标准收费。目前使用T-Money智能卡的乘客人次已超过总客运人次的90%。

七、建立交通安全应急管理信息系统

交通安全事故和相关突发事件常常给社会公众带来严重的生命财产损失，而且常常会导致交通拥堵，进而对道路交通运行造成严重影响。智能交通安全应急管理系统通过运用先进技术检测道路交通信息，为驾驶员提供足够丰富的交通信息，降低道路环境中的事故因素，在紧急情况下自动进行紧急避险，在事故发生后尽量加快救援速度和减少后处理的延误，一方面可减少交通事故的发生概率，另一方面在事故发生后可降低人员的伤亡程度，提高事故处理效率，降低交通拥堵程度。

美国建立了交通紧急事件管理系统和交通管理紧急救援系统。交通紧急事件管理系统采用了先进的电视监控系统、紧急事件呼叫系统、车辆卫星定位系统、通信调度系统、交通控制系统和互联网信息系统等。紧急事件管理以实时交通数据处理系统为基础，集成了商业关系数据管理系统和专家系统。专家系统使用动态交通信息数据库作专家决策，决定如何管理交通事件和其他紧急事件。交通管理紧急救援系统实现了与社会灾害紧急救援管理系统的集成，这使得美国交通管理紧急救援系统不仅为交通事故提供检测、分析和处理手段，而且为疏解自然灾害恐怖活动等提供有序的交通组织管理。

日本的交通车辆紧急救援系统具备紧急事件检测、分析与处理等功能。当灾害、事故等发生时，采用各种方式将紧急事件信息通知紧急救援部门，缩短确定灾害和事故发生地点所需要的时间，从而实施迅速、有效的救助，对于一般车辆的行驶进行限制和对救援车辆进行引导、优先通行控制，以确保即使在灾害情报通信设施完全遭到破坏的情况下，该系统仍可以发挥备用功能的作用。交通紧急事件报告提供了各种信息收集途径。当事故发生时，按车载机上的紧急通报按钮或者通过车上的冲击传感器自动地通过车载装置通报车辆的位置，用手机或者车载电话向救援中心通报事故状况。日本的交通紧急事件救援中心，采用了先进的可视化处理与通信技术。当紧急事件发生时，车辆的位置可以在显示屏上自动显示，可以接听事件的通报，迅速与有关救援部门取得联系，指挥救援工作，并听取救援工作汇报等。

在欧洲很多国家，城市交通故障预警和紧急事件处理系统根据车流排队情况预测事件，提醒闭路电视监控系统进行跟踪。在计算机中建立专家库，根据事件发生的情况选择应急方案，通知并指导有关部门和人员进行事件处理，以快速恢复交通的正常运行。计算机系统记录事件处理，并且在周边道路可变情报板上显示信息，在事件解决后自动将可变情报板恢复至正常的状态。

第十八章　加强城市交通文化建设

改善城市交通运行状况、缓解城市交通拥堵是一项涉及经济社会各方面、多领域的综合性工作，这其中，除了要加大城市交通基础设施建设、提高交通管理水平之外，通过加强城市交通文化建设，提高社会公众的交通参与意识和文明素质，营造良好的城市交通文化环境十分必要的，这也是国际城市交通发展的共同经验。另一方面，加强城市交通文化建设有利于督促政府管理部门和经营者强化以人为本的服务理念，形成良好的职业道德和行业风尚，增强交通发展的软实力，促进城市交通发展水平的提升，也是一个国家和地区社会文明进步的重要体现。目前，我国城市在交通建设与发展过程中，对公众的交通文明意识教育和宣传工作还不到位，同时尚未建立规范的公众参与制度，绿色交通出行理念远未普及，驾驶人员和公众的交通参与意识和交通行为有待进一步规范和提升，一定程度上影响了城市交通总体运行效率的提高。

一、加强绿色交通宣传教育

为鼓励更多的民众选择公共交通、步行、自行车出行，降低小汽车使用强度，缓解道路交通拥堵压力，发达国家城市在改善步行、自行车道路条件、停放车设施等硬件环境的同时，还积极开展多种形式的宣传教育活动，增强公众的绿色交通意识，为公共交通、步行、自行车出行营造良好舆论氛围。

美国大力推广自行车友好社区（BFC），有效推动自行车的使用。BFC是美国自行车骑行者联盟采取的一个对积极支持自行车发展城市市政当局进行认证的奖励项目。BFC 为骑自行车提供安全和便利，鼓励居民将自行车用于交通、健身和娱乐，制定自行车鼓励政策，积极推广自行车的使用。BFC 教育各年龄层次的机动车驾驶员和自行车骑行者文明使用道路、安全行车，同时教育和提醒驾驶员在开车时要多关注骑自行车的人。BFC 已在国际上逐步得到认可与推广。

荷兰、丹麦和德国等国家非常重视交通教育及培训。这些国家的儿童在学校期间的必修课程之一就是交通安全教育以及自行车技能训练。自行车技能培训课程分为室内教学和上路训练两部分,培训结束后由交警对学生进行考核。此类培训不仅保障了安全骑行,还授予了学生终生受用的骑行技能。此外荷兰、丹麦和德国还开展了丰富多样的自行车推广活动,如举行每年一度的自行车节和无车日活动,为各个年龄段不同水平的人组织开展自行车比赛,为老年人组织自行车观光团,为儿童组织“小鸭学骑车”活动,以及开展骑行大使计划,派遣有经验的骑车人士深入社区作为安全骑行的模范,以培养公众的绿色交通意识。

北京市 2011 年组织开展“做文明有礼的北京人——绿色出行文明交通从我做起”主题宣传实践活动,此次活动围绕“绿色出行文明交通”展开,在开展“让座日”、“无车日”、“路德日”的基础上,确定了每月 22 日为“文明出行推动日”,并推出活动标志“兔娃”,倡导市民少开一天车,选择步行、自行车、公共交通等绿色出行方式;倡导行人、非机动车驾驶人各行其道,遵守交通秩序;倡导机动车驾驶人礼让斑马线,文明驾驶,顺序通行,有序停放等。

从 2002 年开始,欧盟环境委员会在每年的 9 月 16 日至 22 日定期举办“欧洲交通周及无车日”活动,每年选择不同的主题(如可持续发展的交通行为、确保儿童出行安全、替代小汽车的交通模式,以及缓解气候变化压力等),组织多种类型的活动,政府通过限制机动车在某些地段的通行,鼓励市民采取步行、自行车、公共交通等可持续交通方式出行,培养公众的绿色交通意识。截至目前欧洲共有 1300 多个城市共同参与此项活动。

专栏 18-1　第四届“欧洲交通周”活动主要内容

一是公共交通。在交通周期间提供免费乘车或优惠乘车服务,在公交车上或公交站台提供免费早餐,鼓励“公交+自行车+步行”的出行方式,增加公交车发车密度,减少发车间隔。

二是自行车。城市中提供自行车专用道路网及自行车停放场地设施。

三是步行道。提供四通八达的绿色林荫步行道路系统。

四是低碳交通。制定鼓励使用清洁能源、鼓励公司开通勤班车、举办节油驾驶培训班、限制城市中心区停车等政策。

五是交通需求管理。实行弹性工作时间,倡导电视、电话网络工作方法,进行多种出行方式的宣传,制定机动车管理规划等。

六是商业服务设施。在公交站点沿线规划建设商业、服务业设施和停车场站等设施。

七是改善换乘。合理组织各种交通方式,整合公交线网,减少市民出行时间和费用,提高公交覆盖率和通达性。

八是交通与健康。提供免费体检,鼓励成立步行者和自行车出行社团组织,提供城市空气质量和环境质量信息。

九是建立步行区。鼓励在城市中心地段设立车辆禁行的步行区。

十是划定限速区。在城市中心划定车速不得超过时速 30 公里的区域。

2011 年 6 月,英国举办了“绿色交通周”活动,目的是提高人们的交通环保意识,鼓励采用绿色交通方式出行,并向英国政府传递民众对绿色交通问题关注的信息,活动重点包括:骑自行车上下班、绿色驾驶、步行上下学、绿色假期、使用公共交通等。

新加坡 2003 年开始组织“绿色交通周”活动,由非营利组织新加坡环境理事会倡导,得到了国家环境局和陆路交通局等政府部门的协助。每年举办的日期不固定。2006 年“绿色交通周”于 8 月 20 日至 27 日举行,活动期间发布了《绿色交通指南》,指导有车族如何定期维修车辆、确保发动机顺畅运转、不要超速驾驶等。

韩国首尔市从 2007 年上半年开始推行一系列优惠措施,以鼓励市民减少使用小汽车,并开展了“公交车乘务员”活动,为公共交通乘客提供高品质服务,活动的主要目的是为了提高公共交通服务质量,更多选择乘坐公共交通工具。

二、加强驾驶员交通安全文明教育

为减少出行者不良交通行为对城市交通运行的干扰，提高交通运行效率，预防和减少道路交通事故，许多国家政府非常重视对驾驶员的交通文明教育工作，以提高其安全文明驾驶意识与守法意识，规范驾驶行为，营造良好的道路交通秩序。

日本各都、道、府、县、市都成立了以普及全民交通安全宣传教育、防止交通事故为宗旨的“全日交通安全协会”，在镇、村还建有分支机构，经常开展各种交通安全宣传教育活动，每年召开“交通安全国民运动中央大会”；建立了全国唯一的综合性机动车安全驾驶教育培训基地，供学员学习交通安全相关理论知识，参加模拟驾驶，亲身体验危险，提高其回避危险、安全驾驶的技能。

美国部分州针对严重违法行为除行政或刑事处罚外，还采取了心理影响的方法，以约束驾驶员的驾驶行为。如得克萨斯州规定了“忏悔10年”的处罚方法，即驾驶员因酒后驾车撞死行人，则在10年的惩戒期限内，肇事驾驶员必须随身携带受害者的照片，以便促使其时时反思过失杀人的罪过。

新加坡交警部门与驾驶学校、全国安全理事会及传媒等机构密切合作，常年开展各种交通安全宣传教育活动。交警部门还邀请酒吧、夜总会及酒店等娱乐场所予以配合，让其为醉酒的驾车者安排出租汽车，将他们送回家中。

澳大利亚警方在严厉处罚酒后驾车、超速行驶、疲劳驾车等违法行为的同时，也高度重视宣传和教育工作，采取电视、报刊宣传以及公路边摆放肇事汽车实物等方式，教育广大机动车驾驶员遵守交通安全法规，安全和谨慎地驾驶车辆。

三、加强社会公众交通安全文明教育

发达国家在机动车发展过程中逐步形成了一套严格的交通安全教育制度，明确规定政府、学校、企业等相关部门要对社会公众和学生开展交通安全文明宣传教育，提高他们参与交通的安全文明意识。

许多发达国家都设有专门机构负责对社会公众开展交通文明宣传和教育。美国交通安全宣传教育属政府行为，每年拨专款完成交通安全宣传教育计划，警察局设有专门从事交通安全宣传教育工作的人员，他们广泛听取各种社会意见，积极开展行人安全、自行车安全、禁止酒后驾车等交通安全宣传教育活动；利用专项资金制作交通安全宣传图板等，并发放各种交通安全宣传品。

日本有200多家交通安全教育机构开展群众性交通安全学习活动，各城市甚至每个社区都设有交通安全教育活动中心，市民可在这里免费获取相关宣传资料，参加各种交通安全宣传教育活动。日本每月有一天为“交通安全指导日”，每年的春秋两季，学校都组织交通安全宣传教育活动。此外，日本电台、电视台在每天晚上的黄金时段都要播报当天的交通要闻和交通安全信息；媒体广泛宣传交通安全的重大意义，并向全国征集交通安全标语，每年收到的交通安全标语达30多万条，一些日常用品上都印有“注意交通安全”字样。

英国从1970年开始在全国各地中小学校开展了儿童、学生交通安全教育行动，由教师向学生讲授安全规范和避免交通事故伤害的方法，取得了良好的效果。

法国自1997年来在中小学正式提出交通安全终身教育的概念，在小学三年级开设“道路安全”课程，让小学生循序渐进地掌握交通安全的知识，让他们了解法规、危险与事故之间的关系。

新加坡建有许多特殊的儿童公园，定期向小学生开放。公园里设有模拟城市道路，通过直观形象的教育使孩子们从小养成遵守交通规则和文明走路、行车的良好习惯。

澳大利亚学校的老师不仅讲授交通法规，还带着学生亲自实践。小学设有“如何骑自行车”和“如何过马路”两项交通安全教育课程；中学将交通安全知识引入教学课本中，进一步强化中学生的交通安全意识。此外，澳大利亚非常重视电视宣传广告片和宣传口号的作用，凡电视上出现的交通安全宣传广告，都针对某个问题设定一个主题，每个主题都有一句相应的口号，出现在宣传广告的末尾。

四、鼓励公众参与城市交通发展

加强社会公众的交通参与意识，规范交通参与者的交通行为，对于降低城市交通干扰因素、提高交通运行效率、保障道路交通安全具有重要意义。公众参与是指社会成员自觉自愿地参加各种社会活动或事务管理活动，是社会成员对公共管理中各种决策及其贯彻执行的参与。为了使公众更好地参与城市交通管理的相关事项，国际城市大多建立了完善的公众意见征集制度，公众意见征集渠道是公众参与城市公共交通的重要保障。

1991 年美国颁布《地面综合交通效率法案》，对交通运输规划公众参与从法律上进行了明确，强调了公众参与对交通运输规划的重要性。美国联邦运输部下属的联邦公路局和联邦运输局于 1996 年发表研究报告《交通规划决策中的公众参与技术》，详细介绍了美国交通规划中公众参与的原则、方法和组织，是美国关于交通基础设施规划方面公众参与的权威文献。

美国阿尔伯克基大都市规划区 1994 年重新修订了《交通规划和项目公众参与程序》，提出建立一个永久性的公众参与委员会，为城市交通规划政策委员会提供咨询服务，保障公众尽早且持续性地参与交通规划过程。公众参与委员会成员由城市地区的社团组织代表和相关专家组成，还包括其他利益团体的代表。公众参与委员会直接参与阿尔伯克基大都市区交通规划的年度评审和年度交通项目计划制定。交通项目计划经城市交通规划政策委员会及其协调委员初步审查后，需发至地方政府和公众，留出 2~3 个月的时间供他们提出意见。交通项目计划在充分吸收这些意见之后再提交城市交通规划政策委员会最终评审和通过。

新加坡通过社区活动、出版刊物、展览、现场参观等活动积极联系各阶层人士，展示最新的建设交通情况，获取反馈意见。同时，通过多样化的论坛与更多公众获取联系。陆路交通局还成立了“陆路交通社区伙伴部”，每个员工不仅需要有效负责各自社区每天的交通管理，也要积极参加各种社区活动，与居民保持紧密联系。

附录 I

国务院关于城市优先发展公共交通的指导意见

国务院关于城市优先发展公共交通的指导意见

国发〔2012〕64 号

各省、自治区、直辖市人民政府，国务院各部委、各直属机构：

近年来，我国城市公共交通得到快速发展，技术装备水平不断提高，基础设施建设运营成绩显著，人民群众出行更加方便，但随着我国城镇化加速发展，城市交通发展面临新的挑战。城市公共交通具有集约高效、节能环保等优点，优先发展公共交通是缓解交通拥堵、转变城市交通发展方式、提升人民群众生活品质、提高政府基本公共服务水平的必然要求，是构建资源节约型、环境友好型社会的战略选择。为实施城市公共交通优先发展战略，现提出以下指导意见：

一、树立优先发展理念

深入贯彻落实科学发展观，加快转变城市交通发展方式，突出城市公共交通的公益属性，将公共交通发展放在城市交通发展的首要位置，着力提升城市公共交通保障水平。在规划布局、设施建设、技术装备、运营服务等方面，明确公共交通发展目标，落实保障措施，创新体制机制，形成城市公共交通优先发展的新格局。

二、把握科学发展原则

一是方便群众。把改善城市公共交通条件、方便群众日常出行作为首要原则，推动网络化建设，增强供给能力，优化换乘条件，提高服务品质，确保群众出行安全可靠、经济适用、便捷高效。

二是综合衔接。突出公共交通在城市总体规划中的地位和作用，按照科学合理、适度超前的原则编制城市公共交通规划，加强与其他交通方式的衔接，提高一体化水平，统筹基础设施建设与运营组织管理，引导城市空间布局的优化调整。

三是绿色发展。按照资源节约和环境保护的要求，以节能减排为重点，大力发展低碳、高效、大容量的城市公共交通系统，加快新技术、新能源、新装备的推广应用，倡导绿色出行。

四是因地制宜。根据城市功能定位、发展条件和交通需求等特点，科学确定公共交通发展目标和发展模式。明确城市公共交通的主导方式，选择合理的建设实施方案，建立适宜的运行管理机制，配套相应的政策保障措施。

三、明确总体发展目标

通过提高运输能力、提升服务水平、增强公共交通竞争力和吸引力，构建以公共交通为主的城市机动化出行系统，同时改善步行、自行车出行条件。要发展多种形式的大容量公共交通工具，建设综合交通枢纽，优化换乘中心功能和布局，提高站点覆盖率，提升公共交通出行分担比例，确立公共交通在城市交通中的主体地位。

科学研究确定城市公共交通模式，根据城市实际发展需要合理规划建设以公共汽(电)车为主体的地面公共交通系统，包括快速公共汽车、现代有轨电车等大容量地面公共交通系统，有条件的特大城市、大城市有序推进轨道交通系统建设。提高城市公共交通车辆的保有水平和公共汽(电)车平均运营时速，大城市要基本实现中心城区公共交通站点500米全覆盖，公共交通占机动化出行比例达到60%左右。

四、实施加快发展政策

(一)强化规划调控。

要强化城市总体规划对城市发展建设的综合调控，统筹城市发展布局、功能分区、用地配置和交通发展，倡导公共交通支撑和引导城市发展的规划模式，科学制定城市综合交通规划和公共交通规划。城市综合交通规划应明确公共交通优先发展原则，统筹重大交通基础设施建设，合理配置和利用各种交通资源。城市公共交通规划要科学规划线网布局，优化重要交通节点设置和方便衔接换乘，落实各种公共交通方式的功能分工，加强与个体机动化交通以及步行、自行车出行的协调，促进城市内外交通便利衔接和城乡公共交通一体化发展。

（二）加快基础设施建设。

提升公共交通设施和装备水平，提高公共交通的便利性和舒适性。科学有序发展城市轨道交通，积极发展大容量地面公共交通，加快调度中心、停车场、保养场、首末站以及停靠站的建设，提高公共汽（电）车的进场率；推进换乘枢纽及步行道、自行车道、公共停车场等配套服务设施建设，将其纳入城市旧城改造和新城建设规划同步实施。鼓励新能源公共交通车辆应用，加快老旧车辆更新淘汰，保障公共交通运营设备的更新和维护，提高整体运输能力。

（三）加强公共交通用地综合开发。

城市控制性详细规划要与城市综合交通规划和公共交通规划相互衔接，优先保障公共交通设施用地。加强公共交通用地监管，改变土地用途的由政府收回后重新供应用于公共交通基础设施建设。对新建公共交通设施用地的地上、地下空间，按照市场化原则实施土地综合开发。对现有公共交通设施用地，支持原土地使用者在符合规划且不改变用途的前提下进行立体开发。公共交通用地综合开发的收益用于公共交通基础设施建设和弥补运营亏损。

（四）加大政府投入。

城市人民政府要将公共交通发展资金纳入公共财政体系，重点增加大容量公共交通、综合交通枢纽、场站建设以及车辆设备购置和更新的投入。“十二五”期间，免征城市公共交通企业新购置的公共汽（电）车的车辆购置税；依法减征或者免征公共交通车船的车船税；落实对城市公共交通行业的成品油价格补贴政策，确保补贴及时足额到位。对城市轨道交通运营企业实施电价优惠。

(五)拓宽投资渠道。

推进公共交通投融资体制改革,进一步发挥市场机制的作用。支持公共交通企业利用优质存量资产,通过特许经营、战略投资、信托投资、股权融资等多种形式,吸引和鼓励社会资金参与公共交通基础设施建设和运营,在市场准入标准和优惠扶持政策方面,对各类投资主体同等对待。公共交通企业可以开展与运输服务主业相关的其他经营业务,改善企业财务状况,增强市场融资能力。要加强银企合作,创新金融服务,为城市公共交通发展提供优质、低成本的融资服务。

(六)保障公共交通路权优先。

优化公共交通线路和站点设置,逐步提高覆盖率、准点率和运行速度,改善公共交通通达性和便捷性。增加公共交通优先车道,扩大信号优先范围,逐步形成公共交通优先通行网络。集约利用城市道路资源,允许机场巴士、校车、班车使用公共交通优先车道。增加公共交通优先通行管理设施投入,加强公共交通优先车道的监控和管理,在拥堵区域和路段取消占道停车,充分利用科技手段,加大对交通违法行为的执法力度。

(七)鼓励智能交通发展。

按照智能化、综合化、人性化的要求,推进信息技术在城市公共交通运营管理、服务监管和行业管理等方面的应用,重点建设公众出行信息服务系统、车辆运营调度管理系统、安全监控系统和应急处置系统。加强城市公共交通与其他交通方式、城市道路交通管理系统的信息共享和资源整合,提高服务效率。"十二五"期间,进一步完善城市公共交通移动支付体系建设,全面推广普及城市公共交通"一卡通",加快其在城市不同交通方式中的应用。加快完善标准体系,逐步实现跨市域公共交通"一卡通"的互联互通。

五、建立持续发展机制

(一)完善价格补贴机制。

综合考虑社会承受能力、企业运营成本和交通供求状况,完善价格形成机制,根据服务质量、运输距离以及各种公共交通换乘方式等因素,建立多层次、差别化的价格体系，增强公共交通吸引力。合理界定补贴补偿范围，对实行低票价、减免票、承担政府指令性任务等形成的政策性亏损，对企业在技术改造、节能减排、经营冷僻线路等方面的投入，地方财政给予适当补贴补偿。建立公共交通企业职工工资收入正常增长机制。

（二）健全技术标准体系。

修订和完善公共交通基础设施的建设标准；规范轨道交通、公共汽（电）车等装备的产品标准；建立新能源车辆性能检验等技术标准；制定公共交通运营的服务标准，构建服务质量评价指标体系。研究公共交通技术政策，明确技术发展方向。

（三）推行交通综合管理。

综合运用法律、经济、行政等手段，有效调控、合理引导个体机动化交通需求。在特大城市尝试实施不同区域、不同类型停车场差异化收费和建设驻车换乘系统等需求管理措施，加强停车设施规划建设及管理。发展中小学校车服务系统，加强资质管理，制定安全和服务标准。“十二五”期间，初步建立出租汽车服务管理信息系统，大力推广出租汽车电话约车服务，方便群众乘车，减少空驶。大力发展汽车租赁、包车客运等交通服务方式，通过社会化、市场化手段，满足企事业单位和个人商务、旅游等多样化的出行需求，提高车辆的利用效率。落实城市建设项目交通影响评价制度，并作为项目实施的前置性条件，严格落实公共交通配建标准，实现同步设计、同步建设、同步验收。大力加强公共交通和绿色出行的宣传和引导。

（四）健全安全管理制度。

强化安全第一、质量为本的理念。城市人民政府要切实加强公共交通的安全监管，完善安全标准体系，健全安全管理制度，落实监管责任，加大安全投入，制订应急预案。重大公共交通项目建设要严格执行法定程序和工程标准，保证合理工期，加强验收管理。城市公共交通企业作为安全责任主体，要完善各项规章制度和岗位规范，健全安全管理机构，配备专职管理人员，落实安全管理责任，加大经费投入，定期开展安全检查和隐患排查，严格实施车辆维修和报废制度，增强突发事件防范和应急能力。规范技术和产品标准，构建服务质量评价指标体系。要高度重视轨道交通的建设、运营安全,强化风险评估与防控,完善轨道交通工程验收和试运营审核及第三方安全评估制度。

(五)规范重大决策程序。

推进城市公共交通重大决策法制化、民主化、公开化。研究出台公共交通优先发展的法规规章,地方人民政府推动配套制订和完善地方性法规,为城市公共交通的资金投入、土地开发、路权优先等扶持政策提供法律保障。规范城市人民政府公共交通重大决策程序,实行线网规划编制公示制度和运营价格听证制度。建立城市公共交通运营成本和服务质量信息公开制度,加强社会监督。

(六)建立绩效评价制度。

加快建立健全城市公共交通发展绩效评价制度,国务院有关部门研究制定评价办法,定期对全国重点城市公共交通发展水平进行绩效评价。各城市要通过公众参与、专家咨询等多种方式,对公共交通企业服务质量和运营安全进行定期评价,结果作为衡量公交企业运营绩效、发放政府补贴的重要依据。

发展城市公共交通,城市人民政府是责任主体,省级人民政府负责监督、指导,国务院有关部门要做好制定宏观发展政策和完善相关法规规章等工作。各级人民政府、各有关部门要按照职责分工,主动协调、密切配合,推动城市公共交通实现又好又快发展。

国务院

2012 年 12 月 29 日

附录Ⅱ

典型城市治理城市交通拥堵相关文献

北京市人民政府关于进一步推进首都交通科学发展加大力度缓解交通拥堵工作的意见

京政发〔2010〕42号

各区、县人民政府,市政府各委、办、局,各市属机构:

在党中央、国务院的坚强领导下,市委、市政府始终高度重视首都交通工作,在机动车由2005年底约258万辆迅速增加到2010年11月底约469万辆的过程中,通过采取一系列措施,较好地维持了一定水平的交通保障和服务能力,基本适应首都经济社会持续发展和市民出行需求快速增长的需要,并圆满完成北京奥运会、残奥会和中华人民共和国成立60周年庆祝活动有关交通保障任务。

随着城市化、现代化、机动化进程加快,首都城市交通承载过大,中心城交通在一些时段和区域拥堵较为严重。现阶段交通拥堵是经济发展、人民生活水平不断提高的反映,但也存在中心城功能和人口高度集聚、机动车保有量高速增长和高强度使用、公共交通吸引力不足、交通综合管理水平与机动车保有量过快增长势头不相适应等问题,亟须采取综合措施应对和解决可能愈演愈烈的交通拥堵。为此,特提出以下意见:

一、工作思路

深入贯彻落实科学发展观,借鉴国内外大城市交通发展经验,坚持以人为本、标本兼治和体制机制创新，综合运用科技、经济、必要的行政和法律等手段，加快交通基础设施建设，加大优先发展公共交通力度，加强机动车总量调控并引导合理使用，提高交通综合管理水平，为做好“四个服务”，全面推进“人文北京、科技北京、绿色北京”战略和中国特色世界城市建设提供交通保障。

二、工作目标

总体目标是确保交通安全顺畅。

（一）改善交通运行状况。确保中心城特别是核心区交通运行状况不恶化，重点路段交通状况得到改善，方便市民出行；确保为国务国事活动提供有力的交通保障。

（二）提高公共交通出行比例。到2015年，中心城公共交通出行比例达到50%左右，自行车出行比例保持在18%左右，小客车出行比例控制在25%以下。

（三）减少机动车主要污染物排放。到2015年，机动车主要污染物排放总量不高于2010年水平。

（四）提升道路交通安全水平。交通安全处于国内领先水平，到2015年，道路交通事故万车死亡率控制在1.7以下。

三、综合措施

（一）进一步完善城市规划，疏解中心城功能和人口。

1. 进一步优化调整城市功能布局。

认真落实《北京城市总体规划（2004年—2020年）》，严格控制中心城建设总量增量，加快新城建设，有效疏解中心城功能和人口。加快教育、行政、医疗卫生等公共服务资源向新城配置，鼓励就近就业，从源头上减少交通出行需求。

2. 充分发挥交通引导和服务作用。

编制实施《北京市交通运输综合规划》，确保公共交通枢纽场站、公共停车场等交通基础设施用地。将大型建设项目交通影响评价纳入审批环节，与环境影响评价具有同等作用，实现城市与交通协调发展。

3. 全面落实配套交通基础设施规划。

建立开发项目与配套代建道路、公交场站、人行过街设施等交通基础设施项目同步规划、同步建设、同步验收、同步移交接管、同步投入使用制度。对已由开发项目业主代征代建的道路、公交场站和人行过街设施等进行清理移交。按差别化原则修订实施建筑物停车位配建标准。

（二）加快道路交通基础设施建设，提高承载能力。

4. 全面推进中心城干道路网系统建设。

2012 年底前，建成广渠路二期、西外大街西延二期等 5 条共 37.3 公里城市快速路，基本实现中心城城市快速路网规划。改造完善建国门桥立交、万泉河桥立交等 7 个快速路网节点。规划建设核心区南北地下快速通道，加快建设西二环、东二环、台基厂大街、西山隧道等地下快速通道工程。开工建设中心城内新街口北大街、手帕口铁路道口平交改为立交等干道网瓶颈点段及万寿路南延、柳村路、化工路等道路 200 余公里，进一步完善城市干道网。建设完成一批人行过街设施。

5. 加快建设中心城道路微循环系统。

充分发挥市区两级积极性，对中心城次干路及以下等级道路建设，市级给予项目总投资（含征地拆迁费用）30% 的资金补助。建设 400 公里微循环道路，打通一批中心城的断头路，实现一批次干路、支路，畅通道路微循环系统。2012 年底前重点建设中心城内雅宝路、动物园北路、香饵胡同西段、革新南路、东教场胡同、冰窖口胡同、煤市街、建国里一街、秀水河胡同、三丰胡同等道路 200 公里。

6. 建设中心城 5 万个以上公共停车位。

加快建设已规划的公共停车场，将四环路以内的公共停车设施纳入交通基础设施范畴，加大投入，实行特许经营。开工建设解放军总医院、同仁医院和北京医院、人民医院等医院停车楼（库）。

7. 因地制宜建设 20 万个以上基本停车位。

由区县政府负责，对老旧小区进行改造，增加停车设施，因地制宜建设简易式、机械式停车库。全面排查清退私自改作他用的停车场（库），并利用体育文化设施、绿地等建设地下停车场，增加基本停车位供给，缓解停车难。鼓励社会投资建设经营性停车设施。

8. 全面建成国家高速公路网和市级干道公路网。

2015 年底前，新建改扩建 478 公里高速公路。重点建设京新高速公路、京昆高速公路、京台高速公路、京秦高速公路和京密高速公路等。同时，由产权单位负责，同步建设、完善高速公路交通安全管理设施和科技设备。国道全面实现二级以上公路标准，加快支持新城和沟域经济发展的重点公路建设，加快重点镇与高速公路联络线建设。完善农村公路网络。

（三）加大优先发展公共交通力度，鼓励公交出行。

9. 加快中心城轨道交通建设。

编制完成中心城轨道交通线网加密规划。完善市区联动和一条线路一个指挥部的工作机制，调整建设时序，以超常规的建设力度，加快推进规划实施。2011 年力争实现 2 条新线分段开通。“十二五”期间新开通的轨道交通线路中心城占 80%，并按 2 至 2.5 分钟发车间隔配备车辆。

10. 改造既有轨道交通线路安全运营服务设施。

实施 1 号线、5 号线、八通线、13 号线的信号、供电、车辆段等改造工程，提高设备设施的可靠程度和能力。1 号线、2 号线、八通线、13 号线加装安全门，更新 1 号线 114 辆电动客车，对 1 号线 186 辆旧车进行加装空调改造，提高安全服务水平。地铁 1 号线列车编组由 6 节扩大至 7 节，运能提高 16%。增购 354 辆列车，实现 2 号线、4 号线、5 号线、10 号线一期高峰发车间隔 2 分钟，高峰时段运力分别提高 12.5%、50%、25%、50%。

11. 构建公交快速通勤网络。

以中心城为重点，依托轨道交通、城市快速路网、公交专用道、大容量快速公交和常规地面公交线路，完善综合客运交通枢纽、地面公交的中心站和首末站三级换乘体系，构建公交快速通勤网络。2011 年底前，建成阜石路大容量快速公交，完善朝阳路、安立路大容量快速公交线路的道路设施条件，实现与其他车辆的物理隔离；加快建设广渠路大容量快速公交线路。重点在三环路等快速路、主干道及拥堵路段增加施划、建设公交专用道；在公交港湾或公交线路集中的站点，根据实际需要施划公交专用道，方便公共电汽车进出站。新增公交专用道150公里以上,提高地面公交运送速度,支持公交快速通勤网络建设。

12. 进一步优化调整地面公交线网。

在进出中心城高峰客流集中的道路和长安街、三环路等主要道路上,合理调配公交低峰运力,减少低峰运营车次,提高道路、车辆的使用效率。增设小区延伸线路和区域"袖珍线路",完善与轨道交通、公交干线的衔接,方便出行。随着轨道交通线网的逐步完善和综合客运交通枢纽的投入使用,进一步优化市郊地面公交线网,分期分批将9字头地面公交线路在三环路或四环路外实现与轨道交通线路、城区地面公交线路的有效衔接。新增新能源公共电汽车2100辆。

13. 加快综合客运交通枢纽和公交场站建设。

建成四惠、宋家庄、苹果园、北苑北、望京等9个综合客运交通枢纽;建成后沙峪、温泉、北七家等5处公交中心站,西红门、天宫院等25个首末站,2处保养场和2处充电站;永久地面公交场站建设力争实现70%以上。对线路多、客流量大的区域公交专用换乘设施进行改造,2011年实施公主坟、六里桥北里、大北窑、新发地桥北等4个区域换乘设施和40处公交港湾改造。

(四)改善自行车、步行交通系统和驻车换乘条件,倡导绿色出行。

14. 建成1000个站点、5万辆以上规模的公共自行车服务系统。

启动地铁4号线、5号线和八通线公共自行车服务系统建设试点,先期在200余个站点投入1万辆左右自行车,方便短途出行和公交接驳。在北京商务中心区等重点地区、重点大街和文保区建设一批步行、自行车示范区。在新开通的轨道交通线路、地面公交骨干线路的主要站点和枢纽站增设自行车停车设施。2012年底前,在6号线、8号线、9号线、10号线、西郊线等轨道交通线路沿线站点规划建设自行车停车场。

15. 积极发展中小学校车服务系统和鼓励单位开行班车。

发展中小学校车服务系统,逐步缓解早晚高峰时段中小学校周边交通拥堵。鼓励单位开行班车,规范合乘,减少上下班小客车出行。

16. 建成3万个以上车位的驻车换乘停车场。

政府投资建设驻车换乘停车场,实行低收费政策。随轨道交通新线同步规划建设驻车换乘停车场,在既有轨道交通线路的四环路以外站点逐步增加建设驻车换乘停车场。

17. 大力倡导现代交通理念和开展文明交通活动。

充分利用报刊、广播、电视和网络等媒体及户外公益广告,深入开展绿色出行和环保知识等方面的宣传,提高交通参与者的现代交通意识,引导交通消费方式的转变。将交通文明作为文明市民的重要指标,开展交通文明宣传进社区、进家庭、进学校、进单位、进农村活动,号召市民文明行车、乘车、停车、行路;深入开展排队日、让座日、交通志愿者服务活动和公交、轨道交通、出租汽车等窗口行业创建文明行业、文明单位活动,提升交通服务水平。通过开展"公交周"、"无车日"、"少开车"等活动,倡导乘坐公共交通工具、骑自行车和步行等绿色出行方式。

18. 倡导召开电视电话会议和实行弹性工作制。

本市各级党政机关和国有企事业单位,要充分利用电视电话会议等现代化手段,提高效率,减少交通出行。鼓励有条件的企事业单位实行弹性工作制,错峰出行。

(五)进一步加强机动车管理,引导合理使用。

19. 实行小客车保有量增量调控,缓解机动车过快增长势头。

机关单位公务用车配置严格按照国家相关规定执行。"十二五"期间,本市各级党政机关、全额拨款事业单位不再增加公务用车指标,并严格公务车使用管理。各国驻华使领馆和国际组织驻华机构"使"字头号牌小客车按有关规定执行。

实施小客车数量调控措施。按照公开、公平、公正的原则,对符合条件的企事业、社会团体法人和个人,以摇号方式无偿分配小客车配置指标。具体规定另行发布。

20. 继续实施和完善高峰时段区域限行交通管理措施。

继续实施机动车工作日高峰时段区域限行措施和黄标车限行规定。遇有恶劣天气、重大活动、重要节日等可能引发严重交通拥堵情况,适时采取重点交通拥堵路段高峰时段机动车单双号行驶措施。

非本市客车(长途客运、省际旅游客车及执行任务的警车、救护车等特种车辆除外)早晚高峰时段禁止在五环路以内道路(含五环路)行驶,同时还须遵守工作日高峰时段区域限行相关规定。

21. 机动车拥有者合理承担使用成本,削减中心城交通流量。

按照"中心高于外围、路内高于路外、地上高于地下"和差别化原则,进一步调整停车收费标准。三环路以内及其以外的重点区域为一类地区,五环路以内除一类地区以外的区域为二类地区,五环路以外区域为三类地区,路侧停车、路外露天停车、停车楼(库)停车价格实行阶梯价格,居住区及夜间停车收费价格原则保持不变。研究制定重点拥堵路段或区域交通拥堵收费方案,择机实施。

(六)加强科学管理,提高现代交通管理和运输服务水平。

22. 继续实施疏堵工程,提高既有道路通行能力。

制定交通基础设施建设项目专项审批办法,下放部分审批权限,通过缓解交通拥堵会商机制,简化审批程序和手续,加快交通基础设施项目建设。依托缓解交通拥堵会商机制审定交通疏堵工程项目,相关部门在 5 个工作日内完成审批手续。加大专项资金投入力度,改造完善规划红线范围内既有道路设施,提高通行能力和服务水平。市级每年安排专项资金用于优化平交路口、环路出入口、建设公交港湾等常规疏堵项目和区域交通组织渠化优化、交通信号优化、增设交通标志、标线、隔离护栏和安全防护设施等管理项目。制定地下环廊开放使用管理办法,完善配套设施,加快实现中关村西区、金融街、奥林匹克公园地下环廊交通功能,建设北京商务中心区、丽泽商务区地下环廊。

23. 建设新一代智能交通管理系统。

以全面提高对路网运行的调控和快速反应能力为目标,建设新一代智能交通运行协调指挥和管理系统。建立一批智能交通运营服务管理系统,包括:建设交通拥堵收费管理系统和停车泊位管理信息系统;完善出租汽车调度服务系统,逐步提高预约叫车比例;建立交通信息发布和预警、预报系统,为交通出行提供动态信息服务。"十二五"期间,车载导航、移动信息终端数量达到 150 万台,服务和引导出行。研究开发机动车电子牌照信息系统,提高智能化管理水平。全市道路交通安全设施、科技设备建设经费,统一由市财政负担。按照道路交通安全设施、科技设备日常维护、运行的实际需求,科学核定管理维护费用,并根据数量、规模按比例逐年增加交通设施和科技系统维护费用。新建、改建道路,交通设施和科技设备同步规划、同步建设、同步验收、同步投入使用。

24. 加强交通秩序管理。

优化重点区域交通组织。对中关村、金融街、北京商务中心区等地区、交通枢纽以及重大交通节点、堵点,开展区域性综合交通系统优化。按照单向行驶、单侧停车的原则,组织单行交通,逐步完善中心城道路微循环系统交通组织。完善道路交通安全设施,全面排查现有道路交通安全隐患,完善标志、标线、隔离护栏等安全设施,提高道路交通安全防护等级,确保交通安全。2011 年底前,完成中心城 5240 套交通标志、600 公里交通标线、924 公里交通隔离护栏增设任务;建设 1700 处信号灯,并全部配建违法监测设备。加强对货车、黄标车、危化车、非本市车辆等重点对象的管控,进一步加大对占用公交专用道及逾期未年检、未报废车辆上路行驶等违法行为的处罚力度。对违反工作日高峰时段区域限行措施的车辆、进入限行区域行驶的大货车及违反限行规定进入五环路以内(含五环路)行驶的非本市车辆等,实施连续处罚。允许机场大巴、校车、班车通行公交专用道;新建 400 处公交信号优先系统,提高公交车辆运行效率;在公交车辆上新增 1000 套自动监测设备,严厉打击非法占用公交专用道行为。

25. 加强停车秩序和经营管理。

修订完善停车管理法规规章。加强停车泊位管理,整治停车秩序,加大对违法占道停车处罚力度。改革现行占道停车经营模式,严格停车经营企业资质和从业人员资格管理,实行持证上岗制度,建立准入、退出机制。推广使用停车电子收费系统,规范经营行为、提高服务效率。建设具备停车诱导、违法监测、智能收费等多种功能的停车智能管理系统。制定中心城内停车场资源共享办法,支持和引导党政机关、企事业单位和社区停车设施对外开放,错时停车。

26. 建立交通信息发布和预警、预报系统,加强应急管理。

发布道路交通拥堵指数,动态发布交通运输信息和交通预警、预报信息,提高交通信息服务水平。把交通拥堵纳入应急处突范畴,制定城市交通严重拥堵应急预案。根据拥堵程度,划分黄色、橙色、红色三个等级,分级启动上勤方案和疏堵措施。在出现大范围拥堵情况下,由市应急委统一协调指挥。

27. 进一步完善交通管理体制,落实责任。

建立完善缓解交通拥堵工作会商协调机制。成立由分管副市长牵头,相关部门及各区县政府分管负责人参加的市缓解交通拥堵工作推进小组(以下简称推进小组),统筹推进各项工作任务的落实。推进小组下设市缓解交通拥堵工作办公室,负责日常工作。

各区县政府、市有关部门要按照职责分工,抓好具体工作落实。按照谁审批、谁牵头、谁负责的原则,简化审批手续,提高办事效率,在交通基础设施建设工程的规划、立项、征地拆迁、建设等4个阶段分别由相应的职能部门作为第一责任单位牵头推进。轨道交通、城市干道、综合交通枢纽、公交场站、大型公共停车设施、高速公路和县道以上公路建设项目,由市级投资建设,区县政府为征地拆迁责任主体。城市次干路、支路,农村乡道、村道,老旧小区及胡同的公共停车设施建设项目,由区县政府投资建设,市级给予资金补助。改革停车管理体制,强化区县政府负责属地停车管理的责任。2011年,将顺义区、大兴区、怀柔区公安交通管理机构划归市公安局公安交通管理局垂直管理,其他远郊区县根据实际,逐步统一。针对警力不足问题,增加交通民警编制。同时,根据实际,各区县政府可按照交通民警与协管员1∶2的比例招聘交通协管员,并加强规范化管理,充分发挥辅助管理、协助维护交通秩序作用。

28. 将缓解交通拥堵工作纳入督查和绩效考核内容。

按照“标本兼治、建管并举、突出重点、循序渐进、分工负责、综合治理”的原则,分年度制定实施缓解交通拥堵工作方案,将缓解交通拥堵工作纳入市、区县两级政府重点工作任务督查和绩效考核内容,对做出显著成绩的区县、单位和个人给予表彰、奖励。

北京市人民政府

2010年12月21日

2013年杭州市治理城市交通拥堵工作的实施意见

为全面治理城市交通拥堵，根据《浙江省人民政府办公厅关于启动全省治理城市交通拥堵工程有关工作的通知》（浙政办发明电〔2012〕288号）精神，现就2013年我市治理城市交通拥堵工作提出如下意见：

一、指导思想

深入贯彻落实党的十八大精神，以转型发展为主线，按照“一基地四中心”和“三城三区”的城市定位，坚持以人为本、标本兼治、远近结合和体制机制创新的原则，形成高效的交通拥堵治理决策体系，发挥规划龙头作用，优化城市功能布局、交通网络、交通运输方式等，优先发展公共交通，为打造东方品质之城、建设幸福和谐杭州奠定坚实的交通运输基础。

二、工作目标和任务

（一）工作目标。

贯彻落实省委、省政府关于治理城市交通拥堵专题会议精神，综合运用各项有效手段，实施规划、建设、管理“三位一体”的综合治理措施，建立完善“政府主导、部门联动、社会参与”的工作格局，通过加快城市快速路网、主次干道、公共停车场（库）建设，完善交通设施，缓解停车难问题；通过加快轨道交通建设，优化公交线网，优先发展公共交通，提升公交服务水平，力争公交分担率有所突破；通过优化交通组织，严格规范交通秩序，强化交通管理，全面推进我市治理城市交通拥堵工作，提高城市交通管理科学水平，促进城市交通可持续发展。

（二）工作任务。

杭州市治理城市交通拥堵工作任务分5大项22个子项，主要任务是建立健全管理机制；完善停车设施，优化路网结构；落实公交优先发展战略；加强交通秩序管理；实现城市交通满意度明显提高。2013年的工作任务必须在11月底前完成。

三、实施原则

（一）坚持扩大交通设施供应的原则。

积极应对不断上升的交通需求，加快快速路、主次干道、支小路和停车场（库）的建设，打通断头路，努力缓解中心城区的交通拥堵状况。

（二）坚持公交优先发展的原则。

坚持完善中心城区公交网络，建设公交专用道，改善交通拥堵点，完善地铁接驳体系，优化公交票价定价机制，提高公交服务水平，引导市民乘坐公共交通出行，减少小汽车出行，切实提高公交分担率，逐步缓解交通拥堵压力。

（三）坚持科学管理的原则。

通过继续实施错峰限行，从严整治重点交通违法行为，规范机动车、非机动车、行人的交通行为；通过运用交通工程技术，优化交叉口渠化设计，提高交通拥堵节点的通行能力；通过改善支路行车条件，合理应用单向和变向交通、交通信号协调控制等措施，改善交通微循环系统；通过科技创新，进一步完善智能交通系统建设；通过组织实施城市循环系统，挖掘交通管理潜力，缓解我市交通拥堵状况。

（四）坚持技术创新为支撑的原则。

缓解城市交通拥堵工作是跨部门、跨专业的系统工程，要以技术创新为支撑，加强对提高公交分担率和公交运营速度、动静态交通组织等重点课题的研究，为实现缓解交通拥堵工作的科学决策提供技术支撑。

（五）坚持民主促民生的原则。

治理城市交通拥堵工作是一项全民参与的工程，对治理拥堵方案要科学论证，并向社会公示，实施过程中必须坚持发扬民主，建立党政、市民、媒体"三位一体"的民主促民生工作机制，确保维护社会安全稳定。

四、工作要求

（一）高度重视，提高认识。

市各有关部门和各区、县（市）政府要进一步提高认识，把思想统一到市委、市政府的决策部署上来，尽快抽调人员、搭建班子，完善组织机构，制定切实可行的工作计划。通过积极努力，着力改善我市道路交通拥堵问题，确保完成省政府下达的治理城市交通拥堵各项任务。

（二）加强领导，抓好落实。

市各有关部门和各区、县（市）政府要加强领导，通力合作，克难攻坚，优质高效地完成治堵重任。领导小组办公室要牵头抓总，履行职责，充分发挥统筹、联络、协调、督查、考核、服务等职能，确保工作有序开展。要定期召开工作例会、专题会议和开展现场检查活动，及时协调解决工作中的热点、难点问题。相关成员单位和各工程建设牵头责任单位也要严格按照本实施意见的各项工作要求和考核指标，尽职尽责，积极主动地做好协调、沟通、配合、服务工作，齐心协力，全力以赴推进我市治堵工作。

（三）加强考核，注重绩效评估。

为保障《2013 年度治理城市交通拥堵工作任务》各项措施有效落实，市各有关部门和各区、县（市）政府要增强工作的主动性，及时发现问题并逐步完善。要对照《2013 年治理城市交通拥堵工作考核指标》进行自评，并委托第三方对 2013 年治理城市交通拥堵工作进行满意度测评，做好迎接省里考评的各项准备工作。市考评办要将 2013 年度治理城市交通拥堵工作纳入 2013 年专项目标进行考核，具体考核办法另行制定。

（四）加强宣传，营造氛围。

要通过广播、电视、报纸、网络等新闻媒体，做好宣传报道工作，及时掌握热点、亮点，充分发挥舆论的正面引导作用，为治理城市交通拥堵工作营造良好的社会氛围。

（五）明确信息报送。

市各有关部门和各区、县（市）政府要及时掌握、汇总工作进展情况，根据实施意见做好具体组织工作，落实专人，加强与领导小组办公室沟通联系，并于每月 3 日前报送工作进度等情况。

本意见由市建委负责牵头组织实施。

广州市中小客车总量调控管理试行办法

第一章　总　　则

第一条　为有效缓解交通拥堵状况、落实公交优先战略、改善城市大气环境,根据国家节能减排政策和本市道路交通管理实际,制定本办法。

第二条　本市行政区域范围内中小客车试行总量调控措施,实施指标管理。中小客车指标分为增量指标、更新指标和其他指标,具体配置方式如下:

(一)增量指标:本办法有效期内全市中小客车增量指标为12万个,按照1:5:4的比例配置,即1.2万个新能源车增量指标、6万个普通车增量指标以摇号方式配置,4.8万个普通车增量指标以竞价方式配置;

(二)更新指标:单位和个人在转移、报废名下在本市登记的中小客车后可以直接申领;

(三)其他指标:符合条件的单位和个人可以按照本办法第三十二条规定直接申领。

第三条　单位中小客车增量指标占增量指标总数的12%,个人中小客车增量指标占增量指标总数的88%。单位和个人增量指标分别配置。

第四条　市交通行政主管部门负责中小客车总量调控的统筹协调工作,组织实施中小客车总量调控的政策、措施。

市中小客车指标调控管理机构(以下简称指标管理机构)具体负责归集指标申请、组织指标配置、公布配置结果及出具指标证明文件等工作。

第五条　公安、司法、工商、人力资源和社会保障、质监等相关部门和区(县级市)政府按照职责分工,做好相关管理工作。市交通行政主管部门具体负责协调税务部门落实本办法规定的管理措施。监察机关负责对各相关部门的执法、廉政、效能情况进行监察。

第六条　本市行政区域范围内的中小客车销售经营单位应当在经营场

所明示本市试行中小客车总量调控管理的具体内容，并在签订购销合同时书面提示购车人。

第二章　指标申请及审核

第七条　单位和个人需要取得本市中小客车指标的，应当按照本办法向指标管理机构提出申请。

申请通过摇号方式取得增量指标的单位和个人，应当在提出申请时承诺：取得的新能源车增量指标用于符合工业和信息化部《节能与新能源汽车示范推广应用工程推荐车型目录》所列的新能源中小客车和节油率超过20%的混合动力中小客车办理登记；取得的普通车增量指标用于中型、微型载客汽车和排气量不超过2.5升的小型载客汽车办理登记。

申请通过竞价方式取得普通车增量指标的单位和个人，不受前款规定限制。

申请更新指标的单位和个人，应当在提出申请时承诺：取得的更新指标只用于排气量不超过更新前车辆的排气量的中小客车办理登记。

个体工商户申请增量指标的，按照个人申请增量指标的规定执行。

第八条　单位和个人申请指标应当通过以下两种方式：

（一）单位和个人应当分别根据组织机构代码和有效机动车驾驶证的最后1位号码，对应单、双日在指定网站上提出申请，最后1位号码为0或者非数字的，在双日申请；

（二）需要申请人到场签认或者提供书面资料以及不具备上网条件或者上网能力的，可以到指定的对外办公窗口办理。自本办法生效之日起，窗口受理设两个月的缓冲期，缓冲期内窗口不直接受理申请，申请人应当通过电话预约，凭预约号在约定的时间到窗口办理。缓冲期结束后，窗口恢复正常受理。

申请方式因故进行调整的，指标管理机构应当提前向社会公布。

单位和个人申请信息发生变化的，应当及时登录指定网站或者到指定的对外办公窗口进行变更。

第九条　单位申请增量指标应当符合以下条件：

（一）企业具有有效的营业执照、组织机构代码证书和税务登记证书，上一年度向本市税务部门实际缴纳税款总额共计5万元以上；

（二）机关、事业单位、社会团体及其他组织具有有效的组织机构代码证书；

（三）在本市行政区域范围内新注册的企业，具有有效的营业执照、组织机构代码证书和税务登记证书，注册当年向本市税务部门实际缴纳税款总额共计5万元以上。

第十条 单位增量指标的申请编码数量应当按照以下规则确定：

（一）企业上一年度向本市税务部门实际缴纳税款总额共计5万元以上的当年可以申请1个编码，税款总额每增加50万元可以增加1个编码，年度申请编码总数不得超过8个；

（二）机关、事业单位、社会团体和其他组织每年可以申请1个编码；

（三）在本市行政区域范围内新注册的企业，当年向本市税务部门实际缴纳税款总额共计5万元以上的可以申请1个编码，税款总额每增加50万元可以增加1个编码，申请编码总数不得超过8个。

第十一条 个人申请增量指标应当符合以下条件：

（一）住所地在本市；

（二）名下没有本市登记的中小客车；

（三）已取得有效机动车驾驶证。

住所地在本市的情形包括：

（一）本市（含增城市、从化市）户籍人员；

（二）驻穗部队（含武装警察部队）现役军人；

（三）持有效身份证明并在本市连续居住3年以上，且每年累计居住9个月以上的港澳台居民、华侨和外籍人员；

（四）在穗已申报有效居住登记，持有效《广东省居住证》，并在本市累计3年以上缴纳（不含补缴）基本医疗保险的非本市户籍人员。

第十二条 单位和个人名下在本市登记的中小客车被盗抢后需要重新购置中小客车的，申请增量指标应当符合以下条件：

（一）取得县级以上公安机关出具的被盗抢证明；

(二)书面承诺追回被盗抢车辆后,放弃增量指标申请资格,或者放弃已经取得的增量指标,或者在使用增量指标新购置的车辆和被追回车辆中择一封存出售或者报废,并承担全部费用。

根据前款规定出售或者报废的车辆,不产生更新指标。

第十三条 单位和个人申请增量指标应当遵循以下程序:

(一)选择增量指标配置方式并提出申请,获取申请编码;

(二)审核通过后,确认申请编码为有效编码;

(三)凭有效编码,通过摇号或者竞价获得增量指标。

单位和个人变更增量指标配置方式的,需要重新申请。

单位和个人在同一期内,只能选择参加一种增量指标配置方式。

第十四条 指标管理机构归集受理的指标申请,并于每月8日前将未经审核的申请人信息分别发送到公安、国税、地税、工商、人力资源和社会保障、质监及其他相关部门进行审核。

市公安机关人口管理部门负责审核申请人本市户籍信息和非本市户籍人员办理居住证信息;市公安机关出入境管理部门负责审核港澳台居民、华侨、外籍人员的身份信息和在穗居住情况;市公安机关交通管理部门负责审核车辆信息和个人的驾驶证件信息;市工商部门负责审核企业登记基本信息;国税、地税部门负责审核纳税信息;市质监部门负责审核组织机构代码信息,市人力资源和社会保障部门负责审核基本医疗保险参保信息。

上述审核部门应当自收到申请人信息后8个工作日内完成审核,并将审核结果反馈指标管理机构。其中,对申请增量指标的申请人信息,通过审核的,确认申请编码为有效编码;未通过审核的,确认申请编码为无效编码,并说明原因。

需要提请上级部门或者非本市属单位配合审核申请人信息的,上级部门或者非本市属单位审核时间不计入前款规定的审核期限。

第十五条 审核结束后,指标管理机构应当及时在指定网站公布审核结果。申请人对审核结果有异议的,应当自公布之日起5个工作日内向指标管理机构提出复核申请。逾期不申请的,视为无异议。经复核异议成立的,指标管理机构应当及时将其纳入指标配置;异议不成立的,应当在复核意见中说明理由。

第十六条 单位取得增量指标后,相应核减年度有效编码数量。

个人取得增量指标后,不得再次申请增量指标。

第十七条 单位有效编码经摇号或者竞价未取得增量指标的,保留至当年12月31日,保留期内自动转入下一次配置,保留期满后自动失效,单位应当重新申请。

个人有效编码经摇号或者竞价未取得增量指标的,保留3个月,在保留期内自动转入下一次配置。保留期满后需要延长有效期的,应当在保留期满前,登录指定网站或者在指定的对外办公窗口进行确认,延长有效期3个月。延长有效期满后需要继续延长有效期的,应当在延长有效期满前再次确认,可以再次延长有效期3个月,最后一次延长有效期不得超过本办法有效期。未及时确认的,上述编码自动失效,个人应当重新申请。

第三章 增量指标摇号管理

第十八条 指标管理机构每月26日组织摇号,当日如为非工作日则相应顺延。摇号过程由公证机构依法予以公证。

摇号时间或者地点因故发生变化的,指标管理机构应当提前向社会公布。

第十九条 新能源车增量指标和普通车增量指标分别摇号。

单位增量指标和个人增量指标分别摇号。个人增量指标每月摇号1次,单位增量指标每两个月摇号1次。

第二十条 申请人可以在指定网站查询摇号结果,并自行下载打印或者到指定的对外办公窗口领取指标证明文件。

第二十一条 申请人主动申请退出摇号的,其有效编码从摇号数据中删除。

申请人放弃的增量指标,指标管理机构应当收回,纳入下一次摇号配置,并向社会公布。

未能配置成功的新能源车增量指标,指标管理机构应当将其调整为普通车增量指标,纳入下一次摇号配置。

第四章　增量指标竞价管理

第二十二条　竞价所得收入全额缴入市本级财政,实行收支两条线管理,专项用于城市公共交通事业支出。

第二十三条　凡使用财政性资金的行政、事业单位不得参加竞价。

第二十四条　指标管理机构可以委托具有相应资质条件的竞价机构承担竞价的具体实施工作。竞价过程由公证机构依法予以公证。

第二十五条　单位和个人分别竞价,每月各组织 1 次。具体竞价时间、地点及内容,竞价机构应当在竞价日 7 个自然日前通过竞价公告向社会公布。

第二十六条　申请参加竞价的单位和个人(以下简称竞买人),应当按照竞价公告规定的时间、方式和要求领取相关竞价资料,并缴付竞价保证金 2000 元。

第二十七条　竞价设保留价,不设最高限价。

竞价采用网上报价方式进行,遵循"价格优先、时间优先"的成交原则。当次增量指标投放数量内,按照竞买人的最终有效出价金额由高到低依次成交,最终有效出价金额相同的,按照出价时间先后顺序依次成交。竞买人出价金额和时间以竞价系统服务器记录为准。

竞价公告规定的竞价时间截止后,竞价机构应当按照竞价成交原则计算出竞价成交结果,及时公布买受人名单和有效编码,并按相关规定向竞买人全额退回竞价保证金。

第二十八条　买受人竞价成交后应当在竞价公告规定时间内办理付款手续。结清竞价相关款项后,买受人可以在指定网站自行下载打印或者到指定的对外办公窗口领取指标证明文件。

买受人未按照约定结清竞价相关款项的,视为放弃增量指标,其有效编码作废,保证金不予退还。

第二十九条　竞价未能成交和买受人放弃的增量指标,指标管理机构应当收回,纳入下一次竞价配置,并向社会公布。

第五章　更新指标和其他指标管理

第三十条　单位和个人2012年7月1日后转移、报废名下在本市登记中小客车后，在不改变车辆所有人和使用性质的情形下，需要更新中小客车的，应当自完成办理车辆转移、注销登记之日起6个月内提出申请，直接取得中小客车更新指标，办理指标证明文件。期间个人不得同时申请增量指标。

本办法实施前已在本市注册登记的中小客车以及根据本办法使用增量指标登记的中小客车，在2012年7月1日后首次转移、报废的，车辆原所有人可以申领一次更新指标，再次转移、报废的，应当申请增量指标；车辆原所有人为单位的除外。

个人转出本市、报废名下在本市登记的，并于2012年10月31日前在本市环保部门取得有效黄色环保标志的中小客车，申领更新指标不计入前款规定的申领次数。

单位和个人逾期提出申请的，不予核发更新指标。

第三十一条　单位和个人提出更新指标申请后，指标管理机构应当自获得公安机关交通管理部门提供的中小客车转移、注销登记及原使用的指标类型等信息之日起3个工作日内发放指标证明文件。

第三十二条　其他指标可以直接申领。单位和个人提出其他指标申请后，指标管理机构应当自收到相关证明和核验材料之日起7个工作日内发放指标证明文件。

可以直接申领其他指标的情形包括：

（一）外国驻穗领馆或者领事官员使用的中小客车，需要登记为领馆号牌的；

（二）纳入汽车定编管理的单位2012年7月1日零时前已取得定编机构定编批准购置中小客车的；

（三）2012年7月1日零时前已申请境外人员或者我国驻外外交人员回国返穗自带中小客车进口，并已取得监管地海关出具的监管机动车进口凭证的；

(四)单位2012年7月1日后需要更新或者新增出租车、专用校车、公共汽车的,其中更新或者新增的出租车、公共汽车必须使用清洁能源;

(五)个人因继承已在本市注册登记的中小客车,需要办理转移登记的;

(六)单位因资产重组、资产整体买卖和改制,需要转移名下在本市登记的中小客车,以及在本市登记的中小客车被上级单位调回或者调拨到其他下属单位的。

因前款第(四)项、第(六)项规定情形转移、报废的车辆,不产生更新指标。

第六章　指标使用管理

第三十三条　单位和个人应当凭指标证明文件和其他材料缴纳中小客车车辆购置税,并持购置税完税证明和其他材料,到本市公安机关交通管理部门办理车辆注册登记。

第三十四条　单位和个人应当凭指标证明文件和其他材料,到本市公安机关交通管理部门办理车辆转移登记、所有人变更登记、外地转入本市的变更登记以及迁出本市后的回迁登记。

第三十五条　单位和个人应当自取得指标之日起6个月内完成办理车辆登记手续。逾期未完成办理的,视为放弃指标。

增量指标摇号、竞价结果以及更新指标和其他指标审核结果一经指标管理机构公布,即视为申请人已取得指标。

第三十六条　任何单位和个人不得转让指标。

第三十七条　单位和个人取得的新能源车增量指标,应当用于符合工业和信息化部《节能与新能源汽车示范推广应用工程推荐车型目录》所列的新能源中小客车和节油率超过20%的混合动力中小客车办理登记。

单位和个人以摇号方式取得的普通车增量指标,应当用于中型、微型载客汽车和排气量不超过2.5升的小型载客汽车办理登记。

单位和个人使用以竞价方式取得的普通车增量指标办理中小客车登记,不受前两款规定的车型限制。

第三十八条　单位和个人凭更新指标登记的中小客车,排气量不得超过更新前车辆的排气量。

第三十九条 单位和个人2012年7月1日后购置符合工业和信息化部《节能与新能源汽车示范推广应用工程推荐车型目录》所列的新能源中小客车和节油率超过20%的混合动力中小客车,办理车辆注册登记后,市本级财政按照每辆1万元的标准给予补贴,具体补贴办法由市财政部门会同相关部门另行制定。

第四十条 使用新能源车增量指标办理登记的车辆转移、报废后产生的更新指标,只能用于符合工业和信息化部《节能与新能源汽车示范推广应用工程推荐车型目录》所列的新能源中小客车和节油率超过20%的混合动力中小客车办理登记。

使用以摇号方式取得的普通车增量指标办理登记的车辆转移、报废后产生的更新指标,只能用于中型、微型载客汽车和排气量不超过2.5升的小型载客汽车办理登记。

第七章 监督管理

第四十一条 承担审核申请信息和查验指标证明文件职责的相关部门以及竞价机构,应当根据本办法的分工和工作实际,制订本部门的审核标准、工作流程和操作办法,并切实履行职责。工作人员办理相关手续,未按照本办法要求履行审核、查验职责的,依法追究责任。

第四十二条 任何单位和个人均有权对指标配置过程中的违规行为进行举报。指标管理机构、各审核部门和监察机关应当向社会公布举报电话,及时受理举报并认真履行检查职责。

第四十三条 对提供虚假信息、材料,伪造、变造指标证明文件以及转让指标的,由指标管理机构取消该申请人的申请资格、收回已取得的指标,并不再受理该申请人的指标申请。盗用、冒用他人信息申请指标的,依法追究相关责任。

第八章 附则

第四十四条 本办法下列用语含义:

(一)中小客车是指国家机动车类型分类标准规定的中型、小型和微型载客汽车;

(二)单位是指各类机关、企事业单位、社会团体及其他组织;

(三)有效身份证明是指公安部《机动车登记规定》规定的身份证明;

(四)有效机动车驾驶证是指公安机关交通管理部门核发的、具有驾驶中小客车资格的驾驶证;

(五)税款总额是指企业缴纳的增值税、营业税、消费税和企业所得税税款总额,不含滞纳金、罚款和退税。具体以税收征收系统确认的年度税款入库期为准。

第四十五条 2012 年 7 月 1 日零时前已与车辆销售者签订中小客车购销合同或者获取车辆销售统一发票的单位和个人,在本办法有效期内出示由本市公证机构出具的有关上述材料真实性、合法性的公证书,可以直接缴纳车辆购置税和办理车辆登记,无需申领指标证明文件。

第四十六条 二手车销售经营单位已在本市工商部门登记的、2012 年 7 月 1 日零时前的存量二手中小客车,在 2013 年 3 月 31 日前可以直接办理一次车辆转移登记。完成办理转移登记后的车辆,不产生更新指标。

第四十七条 公安机关交通管理部门 2012 年 7 月 1 日零时前已受理但未办结的车辆登记业务,不适用本办法。

第四十八条 本办法中的"以上"、"超过"均包含本数。

本办法自 2012 年 8 月 1 日起实施,有效期至 2013 年 6 月 30 日止。

西安市缓解城市交通拥堵三年行动方案(2012—2014年)

近年来,西安市委、市政府高度重视城市交通拥堵治理工作,通过采取工程建设、交通管理等措施,较好地维持了一定水平的交通保障和服务能力。但随着经济社会的快速发展,人民生活水平不断提高,城市机动车保有量快速增长,导致城市交通拥堵现象日显突出。为有效缓解交通拥堵状况,按照市委、市政府关于缓堵保畅工作的总体部署,结合西安市发展实际,制定本方案。具体内容如下:

一、指导思想

以科学发展观为统领,以缓堵保畅、改善民生为目标,以城市综合交通规划为指导,大力发展公共交通,完善城市路网体系,提高交通综合管理水平,提升市民文明出行意识,全面有效地缓解交通拥堵状况,为建设国际化大都市创造良好的出行环境。

二、工作目标

(一)提高公共交通出行分担率。到2014年年底公共交通出行分担率达到45%以上;提倡绿色出行,积极发展公共自行车服务系统。

(二)提升改善道路通行能力。三年建设改造完成5条快速路、13座立交、26条主次干道、98条支路及背街小巷、2万个公共停车泊位,每年改造60~80个交叉口、公交港湾,建设30~50公里公交专用道,增设不少于10座地下通道或过街天桥,到2014年年底人均道路面积达17.5平方米以上,初步建成“环网相连,节点畅通,结构合理,高效便捷”的路网体系。

(三)加强交通综合管理。建立智能交通管理系统,完善优化交通管理设施,到2014年年底交通信息采集断面达到350处以上、视频监控点到达560个以上,全面提高对道路通行的调控能力。

三、综合措施

西安市三年城市交通缓堵方案具体措施分为四类34项：

(一)科学编制城市交通规划

1. 用规划指导城市交通缓堵工作

2012年6月底前编制完成《西安市城市综合交通规划》。(市规划局牵头)

结合已投运的地铁二号线和其他在建地铁线路，按照增加地铁运力及远近结合的原则，编制《西安市公交线网调整规划》，并两至三年对规划进行一次评价和修编。(市建委、市交通局牵头，市规划局、市市政局、市地铁办、西安城投集团、市公交总公司、各开发区管委会等配合)

2012年7月底前编制完成《西安市公共停车场专项规划》。规划采取动态管理，其中路边临时公共停车场规划一至两年进行一次评价与修订。(市建委牵头，市规划局、市市政局、市市容园林局、市城管执法局、市教育局、市公安局交警支队、西安城投集团等配合)

2. 完善外围区域城市功能

各开发区加快区域内学校、医院、图书馆、文化体育、商业网点、公园广场等配套设施建设，完善城市功能，实现城市公共服务均衡发展，减少跨区域出行。(各开发区管委会具体落实，项目报备市级相关部门)

3. 充分发挥副中心城市作用

大力推进阎良、临潼、户县3个副中心城市建设，承接中心城区城市服务功能和产业转移，加快人口聚集，有效分担中心城区交通流量。(市发改委牵头，市财政局、市规划局、市建委、市市政局、阎良区政府、临潼区政府、户县政府、相关开发区管委会等配合)

4. 努力降低主城区开发建设密度

严格控制棚户区改造范围延伸，对多层建筑要积极采取保护性改造，严禁大拆大建。严格控制新建项目的容积率，大型商业综合体或交通敏感区域的新建项目要将交通影响评价作为项目审批的指导性内容和依据。(市规划局牵头，市发改委、市国土局等配合)

(二)大力发展公共交通

5. 加快轨道交通建设

2012年开工建设地铁4号线,2013年地铁1号线通车运营并开工建设5号线,2014年地铁2号线(会展中心至韦曲段)通车运营、3号线基本完成主体工程并开工建设6号线。根据城市发展实际,做好轨道交通总体规划修编工作。(市地铁办牵头,市发改委、市财政局、市规划局、市建委、各区政府、各开发区管委会等配合)

6. 提升公交服务水平

合理优化现有公交网络和站点布局,逐步调整与地铁重复的线路,扩大新区公交覆盖范围,三年新开辟、调整公交线路45条,新增公交车2000辆,总营运车数达9000辆以上,万人拥有公交车达到17标台,公交出行分担率提高到45%以上,公交车进场率达50%。(市交通局牵头,市财政局、市规划局、市建委、市市政局、市公安局交警支队、西安城投集团、市公交总公司、各开发区管委会等配合)

7. 试点推行快速公交(BRT)建设

推动高新区、沣东新城等开发区建设1—2条快速公交示范线路,促进外围新区发展。(市交通局、相关开发区管委会牵头,市发改委、市财政局、市规划局、市建委、市市政局、市公安局交警支队、西安城投集团、市公交总公司等配合)

8. 加强综合交通枢纽建设

加强对外交通和市内交通的衔接,在城市边缘主要交通走廊,结合城市轨道交通建设,规划建设城东、城南、鱼化寨、国际港务区等一批综合交通枢纽,引导外围交通通过停车换乘公共交通进城,到2014年年底前初步建成城市客运与城际客运一体化综合交通枢纽体系。(市交通局、市建委牵头,市发改委、市财政局、市规划局、西安城投集团、相关区政府、各开发区管委会等配合)

9. 推进公交、出租车智能化管理

加快推进公交车车载GPS系统安装,完成公交智能调度系统和公共交通服务信息系统建设,实现公交运营调度智能化。进一步完善出租车信息管理系统,在规模较大的出租车公司建立二级网络,深化出租车网络调度和预约服务。(市交通局牵头,市财政局、西安城投集团、市公交总公司、各开发区管委会等配合)

10. 增加新型节能公交车辆

推广安全、舒适、节能、环保的大容量新能源公交车辆,到 2014 年年底符合国三排放标准的节能环保型车辆达到 80% 以上。(市交通局牵头,市财政局、市建委、市环保局、西安城投集团、市公交总公司、各开发区管委会等配合)

11. 适当增加出租车数量

按城市需求逐年增加出租车数量,同时改造完善出租车停车站点以及加气加油等服务配套设施。(市交通局牵头)

12. 积极发展中小学校车服务和鼓励单位开行班车

发展中小学校车服务系统,逐步缓解早晚高峰时段中小学校周边交通拥堵。鼓励单位开行班车,试点研究公交车面向社会单位开展班车服务。(市交通局、市教育局牵头,市财政局、市建委、市公安局交警支队、西安城投集团、市公交总公司、各区政府、各开发区管委会等配合)

13. 公交专用道建设

按照城市综合交通规划,每年建设 30 ~ 50 公里公交专用道。新建主干道在建设时应同步划定公交专用道。同时,结合道路改造,实施一批公交专用道建设。(市建委、市市政局、市公安局交警支队牵头,市财政局、市规划局、市交通局、市市容园林局、西安城投集团、市公交总公司、各开发区管委会配合)

14. 加大对公交事业发展的扶持力度

研究出台市本级和开发区共促公交发展的新政策,从规划、用地、建设、资金等方面促进公交事业快速、健康发展。(市建委、市财政局、西安城投集团、各开发区管委会牵头,市规划局、市交通局、市公交总公司等配合)

15. 研究探索自行车交通系统建设

结合西安市实际,借鉴发达城市经验,启动地铁、公交主要站点的公共自行车服务系统建设试点,方便市民短途出行和转乘。(市建委、市市政局、

西安城投集团牵头,市发改委、市财政局、市规划局、市地铁办、市公交总公司、各开发区管委会等配合)

(三)着力推进工程建设

16. 加强主城区与副中心城市的路网联系

加快主城区与副中心城市的道路建设,完成秦汉大道、西阎二级公路、西户路改造等项目,提高副中心城市到主城区的通达性。(市交通局、市建委、市市政局牵头,市发改委、市财政局、市规划局、西安城投集团、各区县政府、各开发区管委会等配合)

17. 推进快速路网体系建设

通过节点建设和道路断面改造,加快城市快速路网体系建设,提高主城区内对交通流的疏导能力。

对承担重要交通连接和疏导作用的北辰大道、唐延路(沣惠路)、朱宏路、广安路等道路,通过实行禁左、半封闭等方式,进行快速化改造,建设新安路(东南二环立交—南三环)快速路,进一步缩短出城时间。

在交通量较大的重要节点增设立交,加快一、二、三环路与城市主干道节点平改立工程建设,建成东门立交、东南二环立交(二期)、朱宏路与凤城四路立交、朱宏路与北二环立交、红庙坡立交、太华路与环城路立交、星火路立交、太白路与丈八路立交、太华路与北二环立交、南门与环南路交通综合治理工程、南三环与长安路立交,开工建设凤城八路与北辰大道立交,太华路与凤城八路立交、曲江大道与西影路立交、西三环与阿房一路立交,缓解城市重要节点交通压力。(市建委、市市政局牵头,市发改委、市财政局、市规划局、市市容园林局、市公安局交警支队、西安城投集团、各区政府、各开发区管委会等配合)

18. 完善城市干道建设

加大城区主、次干道建设力度,打通断头路、扩宽瓶颈路段,提高路网级配结构,完善城市路网体系,有效分流主干道交通流量。

南北向:实施朱雀大街南延伸、电子正街南延伸、西铜高速(绕城出口至凤城九路)、太华北路北延伸、酒十路、经九路、桃园路北延伸、劳动路北延伸、文景南路、凤新路、渭滨街南段、公园北路南段、建强路等道路建设改造。

东西向:实施韩森东路(幸福路—纺西街)、东月路、凤城八路、昆明路、长乐路、大寨路、长沣路(长安路—西万路)、东西自强路、丰庆路、电子二路(太白南路—含光路)等道路建设改造。(市建委、市市政局牵头,市发改委、市财政局、市规划局、市市容园林局、市公安局交警支队、西安城投集团、各区政府、各开发区管委会等配合)

19. 加快道路微循环系统建设

以清理收缴代征道路为契机,加快二环路以内支路及背街小巷建设与改造,提高路网利用效率。三年新建改造98条支路、背街小巷,增密城市路网,优化路网结构,实现现有道路容量科学扩张,进一步完善微循环路网体系。(市建委、市市政局、相关区政府、相关开发区管委会牵头,市发改委、市财政局、市国土局、市规划局、市市容园林局、市城管执法局、西安城投集团等配合)

20. 优化改造交叉口、公交港湾

按照城市综合交通规划,加大公交港湾、交叉口渠化改造力度,每年实施60~80个公交港湾、交叉口改造项目。(市建委、市市政局牵头,市发改委、市财政局、市规划局、市市容园林局、市公安局交警支队、西安城投集团、各区政府、各开发区管委会等配合)

21. 增设地下通道或过街天桥

每年增设不少于10座地下通道或过街天桥。对现有地下通道适时延长开放时间。(市建委、市市政局牵头,市发改委、市财政局、市规划局、市公安局交警支队、西安城投集团、各区政府、各开发区管委会等配合)

22. 加快公共停车场建设

做好全市停车场建设项目的选址储备工作,抓紧实施一批示范项目,广泛吸引社会资金参与停车场建设,三年新建2万个公共停车泊位。(市建委、市规划局牵头,市发改委、市财政局、市市政局、市市容园林局、西安城投集团、各区政府、各开发区管委会等配合)

(四)不断加强城市交通综合管理

23. 科学制定新建工程的设计方案

新建项目都应在城市规划指导下开展交通影响评价审查,有效减少新

建项目造成的交通影响。(市规划局牵头,市建委、市市政局、市公安局交警支队等配合)

市政工程新建改建项目在方案设计时增加交通组织规划设计内容,且一并纳入方案审查。各类交通设施和地下管线必须同步设计、同步实施、同步运行,切实保证项目建成后能够充分发挥交通功能,避免重复建设或开挖。(市市政局牵头,市规划局、市建委、市市容园林局、市公安局交警支队、西安城投集团等配合)

24. 合理安排新建工程的开工时间与工期

年度城建计划合理安排投资项目,同一片区、同一个交通方向上的项目,要科学安排开工时序,避免同时施工,造成交通拥堵。城市道路项目必须编制交通疏导方案,并经论证通过后方可围挡动工,施工现场尽量采取半封闭;施工阶段,要合理安排工期,加快施工进度,主管部门要加强督促检查,严禁围而不建、拖延施工现象。市政道路、给水排水、燃气热力、电力电信等日常维护工程,除应急项目外,应尽量做到夜间施工,白天恢复交通。(市市政局、市公安局交警支队牵头,市建委、西安城投集团、各区政府、各开发区管委会等配合)

25. 加强配建停车场管理

2012 年 5 月底前完成《西安市新建项目的配建停车场标准》的修订。严格执行新的停车场配建标准,加强对新建项目的配建停车场审查与综合验收;对已建成的停车场要加强管理,对擅自改变性质挪作他用的,要采取综合措施予以纠正;研究出台征收停车位异地建设费有关政策。(市规划局牵头,市财政局、市建委、市房管局、市城管执法局、市工商局、市公安局交警支队、西安城投集团等配合)

26. 规范停车秩序和加强经营管理

修订完善停车管理法规规章;加强社区周边停车管理,充分利用社区院内停车泊位资源,吸引住户将车辆停放在社区院内,有效解决已建成社区周边车辆乱停放等问题;严禁随意设置停车场、停车位,取缔车位外停车现象,严禁在收费站点设置棚亭和道闸设施;推广使用停车电子收费系统;适时调整停车收费标准,制定阶梯性收费价格;研究出台中心城区停车场资源共享办法,逐步开放单位内部停车场,实行错时停车。(市城管执法局、市公安局交警支队牵头,市建委、市物价局、市法制办、西安城投集团、各区政府、各开发区管委会等配合)

27. 提升交通智能化管理

以世行综合交通项目和亚行城市路网完善项目为契机,加快开发、完善智能交通管理系统,建立交通信息发布和预警、预报系统,完善电子警察监控、停车诱导等设施建设;在文景路、太华路、友谊路等一批主干道上实施联线信号控制,形成绿波带。(市公安局交警支队牵头,市发改委、市财政局、市建委、市市政局、西安城投集团、各开发区管委会等配合)

28. 开展交叉口专项整治

对全市所有交叉口、信号灯、停车线、斑马线等进行一次系统性排查和整治,科学设置交通流配置时间,最大限度地发挥交叉口的通行能力。(市公安局交警支队牵头,市建委、市市政局等配合)

29. 加强交通秩序管理

优化重点区域交通组织,对一环内、小寨商圈、高新区科技路等重大交通节点、堵点,开展区域性综合交通系统优化,充分利用周边路网,采取单行、禁左、禁停等措施,改善区域交通环境;持续开展对各类交通违法行为的专项整治,治理交通乱点,净化交通环境。(市公安局交警支队牵头,市城管执法局、相关区政府、相关开发区管委会等配合)

加强对货车、黄标车、危化车等重点对象的管控,进一步加大对占用公交专用道及逾期未年检、未报废车辆上路行驶等违法行为的处罚力度。同时,加强审批监管,各开发区的交通标志、标线、信号灯等交通安全设施在实施前,方案须报公安机关交通管理部门审核。(市公安局交警支队、市环保局牵头)

加强占道经营整顿治理,全面清理马路市场,还路于民。加强对非法生产、销售电动三轮车和不符合国家标准的电动两轮车,以及私自非法组装的两轮、三轮摩托车的不法行为的管理与整治。(市城管执法局、各区政府牵头,市工商局、市质监局、市公安局交警支队等配合)

30. 加强行人安全管理

完善道路交通安全设施,全面排查现有道路交通安全隐患,完善标志、

标线、隔离护栏、行人过街信号灯等交通配套设施。(市公安局交警支队牵头)

进一步规范交通秩序,加强交通安全管制,制止行人、非机动车乱闯红灯。(市文明办、市公安局交警支队牵头)

31. 科学有效管理大型货运车辆运行

规范货运车辆行驶的时间和范围,编制相关管理制度,做好对外交通与对内交通的科学衔接,努力降低大型货运车辆对城市交通的影响。确保城市交通设施的安全使用与运行,减少由于超重超载等现象造成的道路、桥梁损坏和非正常维护。(市交通局、市公安局交警支队牵头,市发改委、市市政局、市商务局等配合)

32. 提高道路排障救援水平

对中心城区主干道和高架道路的运行情况实现全天候监控,遇有抛锚或事故车辆时,确保警力和牵引车在15分钟内快速到达现场,指挥交通疏导和救援。健全轻微交通事故快速理赔机制,提高快速理赔服务效率,减少因交通事故造成的道路拥堵。(市公安局交警支队牵头)

33. 强化铁路道口通行及安全管理

合理设置铁路交叉道口组织形式,科学安排铁路车辆通行时间,在确保行人、车辆出行安全的前提下,充分发挥道口通行能力。(市安监局、市发改委、西安铁路局牵头)

34. 深入开展交通安全文明宣传

充分利用报刊、广播、电视和网络等媒体及户外公益广告,开展交通安全文明宣传,提高市民交通安全和文明出行意识,特别要加强中小学交通安全教育工作;深入开展绿色出行的宣传,通过开展"无车日"等活动,提高市民的现代交通意识,倡导乘坐公共交通工具、骑自行车和步行等绿色出行方式。(市委宣传部、市文明办牵头,市教育局、市建委、市交通局、市文化广电出版局、市公安局交警支队等配合)

四、工作要求

缓堵保畅工作涉及面广,任务重,是一项系统的民生工程,市交通管理委员会加强领导,动员各方面力量,扎实地抓好各项工作的落实。

各牵头单位要对本方案进行细化分解,明确年度目标任务,形成对应的细化工作方案,在本方案下发后一周内报市交通管理委员会办公室(市建委),同时抓好每一项工作的开展和任务落实。建立健全协调机制和督查机制,市考核办要将缓堵保畅工作纳入各单位、各区和各开发区年度目标考评范围,做好考核工作。

社会各界和广大市民应积极参与,支持配合缓堵保畅工程建设。通过开展"走文明路、做文明人"系统教育活动,普及交通安全基本知识,提高市民遵守交通规则的意识,抵制闯红灯、翻越护栏、横穿马路等出行陋习,自觉改善出行习惯,从而在全市上下形成良好的缓堵保畅氛围,促进缓解城市交通拥堵三年行动深入开展。

参考文献

[1] 孙群郎．当代美国大都市区交通拥堵的治理措施[J]．城市史研究,2011(3):23-36.

[2] 林福光．城市交通拥堵的成因分析与对策研究[D]．成都:电子科技大学．2011:10-16.

[3] 林坦．发达国家和地区治理交通拥堵的经验借鉴和启示[J]．城市,2011(8):49-52.

[4] 罗伯特·瑟夫洛．公交都市[M]．北京:中国建筑工业出版社．2007.

[5] 周彤梅,杨继辉．解决城市道路交通拥堵问题的方法研究[J]．中国人民公安大学学报(自然科学版),2005(1):98-100.

[6] 戴东昌,蔡建华．国外解决城市交通拥堵问题的对策[J]．求是,2004(23):61-63.

[7] Cambridge Systematics, Inc, Texas Transportation Institute. Final Report: Traffic Congestionand Reliability: Linking Solutions to Problems [R]. Prepared for: Federal Highway Administration. July19, 2004.

[8] 邓海强．香港交通管理的经验及启示[J]．探索与思考,1999(5):13-17.

[9] 李刚,刘全勇．试论城市道路交通管理与单向交通组织[J]．科技咨询,2012(4):225.

[10] 蔡仑．城市道路管、养、建并重探讨[J]．技术与市场,2011(5):197.

[11] 姜桂艳,蔡志理,纪英．城市公交优先保障措施研究[J]．山东交通学院学报,2006(9):34-41.

[12] 刘娜．优先发展城市公共交通的必要性与措施[J]．河北工程技术高等专科学校学报,2009(3):21-23.

[13] 刘洋．公交优先基本措施和实施方法研究[D]．南京:南京林业大学．2007:7-9.

[14] 李森,周时骏．我国城市道路公共交通的现状分析及优先发展对策[J]．城市研究,2010(4):39-42.

[15] 王格．北京交通拥堵现象分析[J]．交通运输,2009(23):312-313.

[16] 丘银英,唐立波. 城市交通拥堵及治堵政策刍议[J]. 城市交通,2012(3):40-45.

[17] 郭玉环,郭法霞. 城市交通拥堵问题浅析[J]. 城市公共交通,2007(6):36-38.

[18] 樊晓珂. 城市交通拥堵问题研究[J]. 中国公共安全·学术版,2007(8):48-51.

[19] 刘贤,腾沈青,朱丽. 大城市交通供需矛盾及发展对策——以南京为例[J]. 城市规划,2009(1):80-87.

[20] 郭继孚,刘莹,余柳. 对中国大城市交通拥堵问题的认识[J]. 城市交通,2011(2):8-14.

[21] 杨光灿. 上海城市交通拥堵问题分析及对策建议[D]. 上海:同济大学,2008:34-42.

[22] 彭军,王江锋,王娜. 我国大城市交通拥堵成因及治理策略分析[J]. 交通运输,2011(16):199-200.

[23] 上海市决策咨询委员会考察组. 巴西库里蒂巴快速公交系统考察报告[R]. 城市建设,2007(5):66-68.

[24] 陆化普. 库里蒂巴发展公共交通的经验与启示[C]//北京快速公交系统发展战略研讨会论文集,2003.

[25] 段里仁. 一个城市交通的国际典范——巴西库里蒂巴市整合公共交通系统[J]. 城市车辆,2001(1):21-23.

[26] 凯思·阿诺德. 伦敦[M]. 张力伟,陈慧颖,刘健,译. 北京:中华书局出版社,2001.

[27] 顾煜,叶春明. 大伦敦交通体系[J]. 交通与运输,2010(2):15-17.

[28] KeeganMike. 伦敦交通局和市长交通战略[R]. 伦敦:伦敦运输局,2010.

[29] 张壮云. 东京城市公共交通优先体系的经验及借鉴[J]. 国际城市规划,2008(3):110-114.

[30] 张艳春. 浅谈日本交通发展状况及交通问题解决措施[J]. 高新技术企业,2010(7):5-6.

[31] 段理慧. 成都市公共交通发展现状与前景分析[J]. 实证分析,2009(5):132.

[32] 王喆,彭其渊. 成都市公交网络布局研究[J]. 城市交通,2007(7):64-67.

[33] 范波峰. 我国城市实施交通需求管理的策略探讨[J]. 经营管理,2008(8):93-94.

[34] 石飞,章光日,徐建刚. 我国交通需求管理(TDM)对策研究[J]. 武汉理工大学学报,2007(5):776-779.

[35] 汪文杰. 交通需求管理——北京治堵的策略[J]. 经济与社会发展,2005(5):68-70.

[36] 胡金星,刘允才. 公交信息智能化管理系统框架及关键技术研究[J]. 交通运输系统工程与信息,2005,5(4):14-17.

[37] 李志坚. 城市智能交通管理研究[J]. 广东公安科技,2006(1):78-83.

[38] 郭玮,晋艳艳. 智能交通在各国现状以及我国智能交通的发展趋势[J]. 科技传播,2009(9):41-42.

[39] 交通运输部道路运输司. 世界主要城市公共交通[M]. 北京:人民交通出版社,2010.

[40] 交通运输部道路运输司. 城市公共交通管理概论[M]. 北京:人民交通出版社,2011.

[41] 袁静. 国外大城市交通拥堵治理方法研究[J]. 黑龙江科技信息. 2011(29):125

[42] 王超,林清华. 国际大城市交通拥堵社会问题处理经验借鉴[J]. 当代经济管理,2011(1).

[43] 金安,周志华,刘明敏. 新加坡城市交通发展模式对广州的启示[J]. 城市观察,2010(4):63-69.

[44] 苏鑫. 国外交通科技成果:东京公共交通网络健全尖端科技治理交通拥堵[J]. 道路交通与安全,2009(8).

[45] 贺崇明,马小毅. 广州市区域交通发展战略规划[J]. 城市交通,2008(4):65-70.

[46] 胡章立,羊明,苏龙. 贵阳市交通拥堵原因分析与对策探讨[J]. 华东公路,2012(1).

[47] 段里仁. 北京城正由摊大饼转向网状发展[N]. 商务周刊,2010(5):74-76.

[48] 仇保兴. 提出缓解北京市交通拥堵的难点与对策建议[J]. 城市规划通讯,2010(10):3-5.
[49] 顾尚华. 缓解城市交通拥堵的策略措施[J]. 交通与运输,2007(3).
[50] 毛昕中. 广州市城市交通公交优先政策选择与分析[D]. 广州:中山大学,2008:7-15.
[51] 段里仁,毛力增. 以人为本:城市交通科学发展观的核心理念[J]. 综合运输,2012(3):37-41.
[52] 张维斌, Alex Skabardonis, 李萌. 交通数据的采集与标准化:交通评价与数据采集[M]. 纽约:Springer Publishing Company,2010.
[53] 张生瑞. 公路交通的可持续发展[D]. 西安:长安大学,2002.
[54] 马强. 近年来北美关于"TOD"的研究进展[J]. 国际城市规划, 2009,(S1): 227-232.
[55] 陆丹丹. 城市交通公平性分析及对策研究[J]. 第三届中国智能交通年会论文集. 南京:全国智能交通系统协调指导小组,2007.
[56] 李淦山. 日本智能交通 (ITS) 研究综述[J]. 国外公路, 2000, 20(4): 33-35.
[57] 李斌, 黄海军. 新加坡道路收费系统的实践和经验[J]. 公路交通科技, 2000, 17(3): 59-62.
[58] 李萌. 国内外城市智能公共交通系统的研究与应用[C]. 第七届中国城市智能交通论坛. 深圳:深圳市智能交通行业协会,2011.
[59] 范光. 英国的智能交通[J]. 全球科技经济瞭望, 2001 (3): 61-62.
[60] 夏劲, 郭红卫. 国内外城市智能交通系统的发展概况与趋势及其启示[J]. 科技进步与对策,2003(1):176-179.
[61] 吴建平, 蒋冰蕾, 王渤. 英国智能交通发展现状与趋势[J]. 第三届中国智能交通年会论文集. 南京:全国智能交通系统协调指导小组,2007.
[62] 交通运输部公路科学研究院. 交通运输行业智能交通发展战略(2012—2020)[R]. 北京:交通运输部公路科学研究院,2012.
[63] 李萌. 公交信号优先系统的发展趋势与前沿[C]. 第二届中国可持续交通论坛,广州,2011.
[64] 隋亚刚, 刘胜利, 马旭辉. 韩国日本考察报告[J]. 道路交通与安全,2011

(6).

[65] 王兴举，杨磊，高桂凤．日本 VICS 及 ETC 的发展状况与实施效果[J]．交通标准化，2010（015）：65-68.

[66] 李宏海，刘冬梅，王晶．日本 VICS 系统的发展介绍[J]．交通标准化，2011（15）：107-113.

[67] 贺辛．东京交通安全畅通措施[J]．交通与运输，2004（3）：14-14.

[68] 章锡俏，隋丽娜，李士莲．城市道路交通应急管理框架研究[J]．交通标准化，2009（7）：138-142.

[69] 关积珍．ITS 共用信息平台系统结构及集成[J]．交通运输系统工程与信息，2002，2(4)：11-16.

[70] 马国荣．城市公共交通系统发展问题研究[D]．西安：长安大学，2003.

[71] 郭海锋．我国城市交通出行共乘模式探讨[J]．综合运输，2011.

[72] 吴义祥．BRT 快速公交系统的发展与应用[J]．市政公用建设，2011.

[73] 叶彭姚，陈小鸿．世界级 CBD 合理通勤交通模式研究[J]．城市交通，2010(08).

[74] 刘丽亚，李萌．公共自行车的系统研究与案例分析[C]．世界共享交通论坛，长治，2011.

[75] 刘丽亚，钱寒峰，李萌，等．国内公共自行车系统发展调研与案例分析[J]．科技创新与应用，2011.

[76] 钱林波，顾文莉．以快速轨道交通支撑和引导城市发展——日本东京都市圈的实践与启示[J]．现代城市研究，2001.

[77] 刘峰．新加坡解决城市机动车交通拥挤问题策略的分析与思考[J]．交通标准化，2010.

[78] 李萌，刘丽亚．公共自行车的实施与应用[C]．世界共享交通论坛，焦作，2012.

[79] 高云胜．浅析东京都市圈的公共交通系统[J]．北方交通，2009.

[80] 毛保华，郭继孚，陈金川，等．北京城市交通发展的历史思考[J]．交通运输系统工程与信息，2008.

[81] 覃本煊．国外交通拥挤收费分析及启示[J]．交通企业管理，2009.

[82] 杨青山．法国巴黎大力发展有轨电车[J]．人民公交，2010.

后　记

Houji

缓解城市交通拥堵是一项复杂的系统工程，需要各城市人民政府、各级交通运输主管部门和广大人民群众的共同努力。在此过程中，加强行业管理部门的业务知识储备和能力建设十分必要。交通运输部科学研究院在日常科研工作中，对城市交通拥堵治理问题进行了长期的跟踪、思考，开展了系统的调查研究，积累了大量的资料和研究成果。为方便各地系统学习、借鉴国内外城市交通拥堵治理经验，更好地指导城市交通发展工作，我司组织交通运输部科学研究院编写了《城市交通拥堵治理实践》一书。

在本书编写过程中，交通运输部科学研究院高度重视，从提纲构架、资料收集、书稿编写、专家论证，到最后的修改、审核，都投入了大量的人力、物力和财力，为本书的出版作出了重要贡献。交通部科技司原副司长陈锁祥、北京市交通委员会副主任王兆荣、北京市交通标准化技术委员会秘书长安小芬、北京市公安局公安交通管理局原副局长段里仁等专家为书稿提出了许多宝贵意见。美国能源基金会为本书的编写提供了大量素材，为本书的调研与出版也提供了有力支持。人民交通出版社为本书的编辑出版做了大量细致和卓有成效的工作。在此，对有关单位的大力支持、参编人员的辛勤工作、相关专家的严格把关和无私奉献表示衷心的感谢。

交通运输部道路运输司